キャリアカウンセリング入門
人と仕事の橋渡し

渡辺三枝子 ＋ E.L.ハー 著

ナカニシヤ出版

まえがき

　本書は翻訳ではない。私（渡辺）とその恩師であるエドウィン・ハー博士との共著である。もちろんハー博士は日本語で論文を書くことはできないので，本書の目次に従って原稿を英語で書いてもらい，私が自分の原稿と統合させる方法をとった。そのため，ハー博士の担当した章と渡辺が執筆した章を分けることができない，変則的な共著である。このような形態の書を可能にしたのはまさに技術革新のおかげである。電子メールがなかったら不可能であった。

　私がハー博士の指導を受けるようになって20年以上が経過した。その間，直接接することで非常に多くの影響を受けたが，なかでも，研究者，教師としての「真実を見る眼と一人ひとりの人への温い配慮，カウンセラーとしての基本的姿勢と職業倫理」を学べたことはかけがえのないことであり，私は職業人としてのすばらしいモデルを得られたと確信している。また，ハー博士は，アメリカのものを他国に輸出するという姿勢でわれわれを指導することがない。学生がそれぞれの環境のなかで，カウンセリング心理学者の視点と理念でどう生きるかを指導することを教育の旨としている。その理由として，ハー博士は「イギリスで研究生活をしたとき初めて，文化の違いの重要さに気づかされ，それ以来，それぞれの国の文化的・社会的・経済的背景を考慮することに心を用いている」とおっしゃったことがある。日本人である私にも当然「日本で役立つカウンセラーとなるために」という姿勢で指導してくださった。そのおかげで，アメリカにいても絶えず日本の状況を考えながら研究できたし，変化する部分と変化しない部分をもつ日本の環境と自分の内的環境を

できるだけ客観的に捉える努力をするようになれたと思う。この姿勢は，私のキャリア発達にとって大きな力となったと確信している。

ハー博士は，キャリア発達研究とカウンセラー教育の分野の国際的リーダーとして世界中を駆け巡っているが，単に世界中から招待されるから国際的なのではない。「それぞれの国の文化的・経済的背景の違いを尊重する姿勢をもち，それぞれの国の人々の役に立つためにどうしたらいいかを絶えず考えている」からであると思う。したがって，日本のキャリアカウンセリングの動向にも大いに関心をもち，「何か自分で役に立つことがあったら，喜んで協力する」とおっしゃってくださっていた。数回日本を訪問し，進路指導関係者や行政の人々とも接触があるだけに，何かしなければならないという思いは強かったようである。

一方，私もカウンセリング心理学を専門とする者として，生涯キャリア発達とキャリアカウンセリングに関わってきたので，最近日本でキャリアカウンセリングブームが起きていることは基本的には喜ばしいことであったが，他方で「何かおかしい」という思いも強まった。「キャリア」，「キャリアアップ」という言葉が方々で使われ，さらに，キャリアカウンセラーの養成とか認定が人々の関心を集め出した最近の状況に矢もたてもたまらず，私はハー博士に「理論的誤解か，翻訳語の問題か，定義の不明確さか，カウンセリングそのものへの誤解か，原因は何だかわからないが，このキャリアカウンセリングブームは手放しでは喜べない」というメールを送った。その返事として，「アメリカでも混乱している。おそらく日本でも同じであろう。自分はいまその混乱を整理するために努力している。あなたも同じような役目をとるように努力してはどうか。よければ一緒に本を書こうか。キャリアカウンセリング入門のような概説書を。概説書といっても理論的にしっかりとしたものでなければならない。出版することでまた混乱を増幅してはならない。アメリカの

問題点を知っている自分と日本の状況を認識しているあなたなら，役に立つ本ができると思う」というメッセージを送ってくださった。このメールが本書のきっかけとなった。ハー博士は1年以上も前に原稿をくださったのに，私の方が進まず，完成が遅れてしまった。

本書を書いている間でも，キャリアカウンセリングブームは産業界から中等学校へとひろがり，希望とともに新たな混乱の火種になっている。そこで，本書も計画当初とは異なり，第7章を新たに加えることとした。状況に応えようとすると，次々勉強しなければならないことが出てくることに気づき，このままではいつまでたっても入門書ができないので，不完全であることを承知で第7章を終章とすることを決心した。

本書を半ばまで進めていた2000年夏，私はベルリンで開かれた国際進路指導協会の大会に出席した。そこで，キャリア発達の理論家として著名なサビカス博士と出会うことができた。ハー博士から私のことを聞いていたということもあって，初対面ながら大変親しくしていただいた。ユーモアがあり，冗談が好きな先生なので，私も冗談を交えて話していた。何回目かの立ち話のときに，20年以上前に会った別の学者がわれわれの会話に加わり，「その後どこで何をしているのか」と私にたずねた。その後の経過を説明した後，私は冗談のつもりで「私のキャリアはアップしたのかダウンしたのかわからないが，満足している」と言った途端，サビカス博士が真顔になって「キャリアにはアップもダウンもないんだ。キャリアカウンセラーはアップとかダウンとか考えてはいけない」と即座に私を叱った。もう一人の学者もうなずいた。そしてまた楽しい会話がつづいた。私はそのときの二人の真剣なまなざしを忘れることはできない。また私はすばらしいモデルと出会ったのである。おかげで本書を貫く理念を再確認することができた。

こうして多くの方々からの教えを受けてやっと本書が上梓できた。

ハー博士が私を信頼して，忍耐強く指導してくださったことに心よりお礼申し上げる。また，神戸大学の金井壽宏先生の寛大なご指導，長い間スクールカウンセリングについて真剣に学び合ってきた教師の皆様，筑波大学や慶応大学大学院の学生の方々，労働行政の第一線で相談活動に携わっている指導官の方々との交流，そして，中高年期の職業生活を体験的に教えてくれた夫村岡肇のおかげで現実社会のキャリアをめぐる課題を見つけることができたことに感謝する。

　最後に，出版を快くお引き受けくださり，忍耐をもって原稿をお待ちいただいたナカニシヤ出版社長中西健夫氏と編集長宍倉由高氏に深甚より感謝申し上げる次第である。そして，内容にふさわしい装丁に創造性を発揮してくれた姪の花井貴久子さんにもこの場をかりてお礼申し上げたい。

2001年4月

著者を代表して　渡辺三枝子

目　　次

まえがき　i

序　章　キャリアカウンセリングをめぐる状況　……………　1
1　高まる期待と混乱　1
2　「キャリアカウンセリング」が意味すること　5
3　混乱の原因はどこに？　11

第1章　キャリアカウンセリングとは　……………………　15
1　キャリアカウンセリングとは　16
2　キャリアガイダンスとキャリアカウンセリングとの関係　21
3　キャリアカウンセリングへの挑戦　24
4　キャリアの新しい概念　27
5　キャリアカウンセリングとパーソナルカウンセリングの融合　35

第2章　キャリアカウンセリングの歴史的発展
　　　　――アメリカにおける職業カウンセリングから
　　　　　キャリアカウンセリングへの移行――　………………　39
1　キャリアカウンセリングの歴史　41
2　アメリカにおけるキャリアカウンセリングの歴史　44

3　職業・キャリアカウンセリングの歴史を貫く核　57
4　キャリアカウンセリングをめぐる最近の動向　60

第3章　キャリアカウンセラーの理論的背景　……………63

1　キャリア行動に関する心理学　64
2　キャリア行動の理論　66
3　カウンセリングの理論　87

第4章　キャリアカウンセラーの活動範囲　……………95

1　キャリアカウンセラーの援助のしかた　96
2　キャリアカウンセラーの活動領域　98
3　新たな活動領域　105

第5章　直接的介入
── キャリアカウンセリング・プロセス ── ……………113

1　個別キャリアカウンセリング　114
2　グループ・キャリアカウンセリング　123
3　その他の直接的介入 ── グループワーク ──　126

第6章　キャリアカウンセラーの養成
── カウンセラーのコンピテンシィ ── ……………135

1　アメリカのキャリアカウンセラー教育プログラム　138
2　日本におけるキャリアカウンセラー教育プログラムへの示唆　153

終　章　キャリアカウンセラーへの新たな挑戦　……………159

1　「キャリア教育」熱の高まり　160
2　インターネットとキャリアカウンセラー　178

引用文献 185
索　　引 192

序章

キャリアカウンセリングをめぐる状況

1 高まる期待と混乱

いつ頃日本に,「キャリアカウンセリング」という言葉が導入されたかは確かではないが,企業の間で急速に広まったのは1980年代後半,つまり,バブル経済の崩壊以降のことのように思われる。そして,1990年代にはいると,高校や大学などの教育機関,さらには行政機関にまでひろがり,関連するセミナーやキャリアカウンセラーの研修会に多くの人が集まるようになった。

なぜ,キャリアカウンセリングへの関心がこのように高まりだしたのであろうか。高度経済成長と技術革新を経験した日本が,20世

紀末にさまざまな社会的問題に直面し，あらためて「こころ」とか「ひと」の重要性に気づきだしたことが遠因となっていることは確かであろう。「癒し」とか「メンタルヘルス」という言葉の流行の一端として，キャリアカウンセリングへの関心を捉えることもできる。しかし，もっと直接的な原因としては，急激な産業構造と社会・経済の変動のなかで，日本人の価値観の変化とともに日本特有の雇用慣行が大きく揺らぎだした結果，職業問題が新たに社会問題化してきたことがあげられる。事実，働き盛りの人々にとって職業上の問題が大きなストレス源となっていることは，30〜40歳代の自殺者の増加からも容易に推察できることである。高齢者の間でも働きつづけたいと考える人が増加している。その理由は「健康のため」ばかりではなく，「経済的理由」，「社会とのつながりをたもちたい」など多様化している。

リクルート・ワークス研究所が企業の人事責任者を対象に行なった「キャリアカウンセリングの導入検討意向」に関する調査結果では，キャリアカウンセリングが注目される社会的背景として，次の四つの要因をあげている。すなわち，一つは，企業が雇用保障を放棄せざるをえなくなったことである。これは，「自由と自己責任」あるいは「個人の自立」という言葉が出てきたことと同様の文脈にある。第二は「フラット型組織」とか「プロジェクト型業務」形態への移行であり，これは「上司と部下との濃密なコミュニケーション」が緩やかに崩壊し，日常的な悩みごとを相談できる場が消失しかけていることと関係する。第三は，「成果主義」「実力主義」型人事制度の導入であり，これは先輩・後輩がライバル関係になることからくる組織内の「メンター機能」の希薄化も招いている。そして，第四は，「裁量労働制」「フレックス勤務」などのような働き方の多様化である。これは企業側とすると，個人の仕事状況が把握しづらくなるため，メンタルヘルスに関する危機管理上の新たな方策が必要

となっている（ワークス研究所，2000），ということである。以上の調査結果は，あくまでも企業側が，人事業務の一貫としてキャリアカウンセリングの意義をどのように捉えているかを示すものであって，働く人々一人ひとりがキャリアカウンセリングをどのように考えているかについては明らかにしていない。

また，上述の調査で，回答者81名のうち85％が「キャリアカウンセリングの意義を認める」と回答しているが，実は，回答者たちのキャリアカウンセリングに対するイメージは，「アウトプレースメントの面接」から「自己啓発援助」まで，実にさまざまであった。一方，「意義を認めない」と回答した15％の人のなかには，「過保護，過度の支援」というイメージをもっている人もいた。

ところで，今まで職業相談や職業紹介を行なってきた大学の就職指導部とか行政機関でも，職業相談とは別に「キャリアカウンセリング」という言葉を導入しだしている。そこでも，実際来談者と対応する人々の間では，従来の職業相談とキャリアカウンセリングがどのように異なるのかがはっきりしていないためか，従来の仕事のやり方をどのように変えたらいいかわからず，自信がもてなくなったり，逆に，キャリアカウンセリングを実施することにとらわれて，目の前の来談者が見えなくなってしまう職員や相談員が増えた，というネガティブな結果も耳にすることが多くなった。たとえば，「キャリアカウンセリングでは能力開発を目的とした相談を行なうので，職場の悩みには立ち入りません。そのことは別のカウンセラーに言ってください」と言われてしまい「能力開発をしたくてもできない理由」を話しだせなくなったというクライエントの不満を聞いたことがある。また，企業で，キャリアカウンセリングを行なっているカウンセラーからは，「リストラされる人に対して，何を言ってあげればいいかわからず，苦しい」という悩みを聞くこともある。

さらに，教育改革が着々と実行に移されるなかで，中学，高校教

育にもキャリアカウンセリングという言葉が導入されだした。中学・高校には以前から進路指導・進路相談という校務分掌が存在している。これらも英語に翻訳するときには，キャリアガイダンスとカウンセリングという言葉が当てはめられてきた。とすると，最近推奨されているキャリアカウンセリングは従来の進路相談とどのように区別されるのであろうか。著者らは，社会的背景も産業構造も異なる日本においては，独自の「キャリアカウンセリング」があってもよいと考える。何もアメリカや他の国々と同じ内容のものである必要はないと思う。また，一つの定義に限定する必要もないと思う。要は，個人と社会のために，独自な貢献ができればいいのである。しかし，独自性を認めることと，概念を不明確のまま放置することを混同してはならないと思う。一つの言葉が，具体的に何を意味するかを明らかにする努力を払わないことは，客観的・科学的な態度の欠如であり，情報化時代にあって危険なことでもあり，望ましくないと思う。なぜなら，キャリアカウンセリングのように，他者の生活と社会に関わる行為であるなら，多くの人が理解できる言葉で説明できなければならないし，その行為の結果は客観的に評価できなければならないからである。また，必要に応じて改善されなければならない。また，誤解があれば解消されなければならない。誤解が原因で存在価値が危ぶまれるのであれば，キャリアカウンセリングという専門的活動の意義を守るためにも正確に認識されることが必要であると思う。

　また，キャリアカウンセリングは有効な専門的な援助過程ではあるが，万能ではない。したがって，他の類似の活動との違いを明確にし，その独自性を明らかにすることができなければ，個人と社会に対してキャリアカウンセリングの存在意義を訴えることは困難であろうし，他の専門的活動との協力関係を作って，独自な機能を発揮することもできないのではないだろうか。

キャリアカウンセリングをめぐる日本の状況としては，すでに，さまざまなセミナーや研修会をとおして，その価値が紹介され，期待が高まり，実践する人も増加している。一方で，その概念や独自性は不明確のままであり，近接の類似の活動との違いも検討されていないため，かなりの混乱を招いていることも事実である。もちろん，「自分の認識は正しい，自分の主張こそ日本の現状に応えるものである」と確信しているキャリアカウンセリングの専門家の方々にとっては「混乱などなく」，われわれの現状観察には納得されないかもしれない。しかし，他方で，「キャリアカウンセリングって何ですか。本を読んだり，研修に参加すればするほど，よくわからなくなるのですが」という訴えを耳にすることが非常に増えていることも事実である。たとえ一握りの人々であっても，われわれの行動で混乱しているとしたら，キャリアカウンセラーとして，その解決に尽力しないわけにはいかないのではないかと思う。

そこで，まず，現在日本において「キャリアカウンセリング」という言葉がどのように使用されているのかを分析，整理し，そのうえで，概念の混乱の原因を推察してみたい。

2 「キャリアカウンセリング」が意味すること

著者（渡辺）は，キャリアカウンセリングの研修会の参加者とのコミュニケーションや日本で出版された関連の文献，また専門家との会話をとおして，日本においてキャリアカウンセリングという言葉の使われ方が，大体次の六つのカテゴリィに分類できるのではないかと考える。

(1) 従来の職業相談・職業紹介の新しい呼び名として用いられる場合

具体的な活動内容を見ると，職業選択や転職に関する相談を指しており，個人の特徴や，希望，過去の経歴と，求人あるいは訓練コースとのマッチングを援助することを目的としている。そして，カウンセラーは，職業情報や，個人の特徴，経歴を分析できる専門家として，助言指導を行なう者である。したがって，このカテゴリィの場合，実際には従来の職業相談と異なる点は見出されない。

あえて違いを見つけるとすると，従来の職業相談の場合は，失業状態にあって就職先を探している人とか中学生や高校生で卒業をひかえて就職先を探している生徒を主な対象としてきたが，キャリアカウンセリングという場合には，現在まだ就業中であるが転職や離職を考えている人，再就職のためとか将来の生活設計のために能力開発を計画している中・高年の人で，急いで就職先を探さなくてもよさそうな人を対象としているように思われる。

(2) キャリアガイダンス（進路指導）と区別しないで用いられている場合

キャリアガイダンスとキャリアカウンセリングを同意語とみなすことを明記している記述を見つけることはできなかったが，カウンセリングの説明内容が，実質的にガイダンスと区別がつかない場合はある。この例は主としては，学校教育において，キャリア発達的視点に立った進路指導の定義と，進路相談（カウンセリング）の定義との間に明確な違いがないことから，推測されることである。たとえば，日本進路指導学会編の「キャリア・カウンセリング，その基礎と技法，実際」（1996）のなかに，キャリアカウンセリングの特徴として，「主に進路に関する諸問題についての洞察力や意思決定，自己実現の能力，態度の慎重をはからう教育活動で，……それ

ほど深刻な情緒的葛藤などの問題がなく,進路情報資料の提供や助言が十分機能する立場にたっている」(p.6) という記述があるが,著者らは,この説明をガイダンスの説明と区別するのが困難である。

また,産業界において,EAP(雇用者援助プログラム)とキャリアカウンセリングとを区別しないで用いている場合も,このカテゴリィに分類することとした。アメリカの文献を見ると,キャリアカウンセラーはキャリアガイダンスにも EAP にも積極的に関与し,時には運営の責任者にもなるという説明があるので,カウンセリングと混同して解釈されてしまうのかもしれないと推察する。なお,ガイダンスとの相違については後の節で詳しく紹介したい。

(3)「セラピィでないカウンセリング」を意味し,個別の相談を指す場合

このカテゴリィには,日本におけるカウンセリングの概念の不明確さに起因する定義が含まれる。つまり,日本では,カウンセリングは心理治療と同意語,あるいは心理療法の一技法とみなされることがかなり一般化しているため,心理的不適応とか深刻な情緒的葛藤を対象とするものと解釈されている。その場合,カウンセリングは,「クライエントの意思を尊重し,自分で気づくのを待つ援助方法」と解され,カウンセラーは傾聴と受容を主な手段とし,助言や情報提供をせず,悩む人に寄り添う人という解釈が前提となっていることが多い。

他方,職業生活に関わる問題で援助している人(時にはカウンセラー)は,職業に関わる問題は治療を要するほど深刻ではない場合が多いし,たとえ一時的に情緒的葛藤が深くなっていても,情報提供や助言は有効であり,時には不可欠な場合もある現実に気づいている。そのため,職業問題を扱うカウンセリングを,キャリアカウンセリングと呼ぶことで,情報提供や助言を主な援助方法とするカ

ウンセリングとし，一般的なカウンセリングと区別している。

また，最近，「キャリアカウンセリングはカウンセリングのなかでガイダンスも行なえる」とか「カウンセリングの途中でコンサルテーションに切り替える」と言う産業カウンセラーに会うことが増えてきた。非常に不可解に思える表現であるが，その背景には，「カウンセリングは相手の話をよく聴くこと」という固定観念があることが判明した。そのようなアプローチを実践しているカウンセラーたちは，「話を聞いているだけでは，現実的な解決策に導くことができない。そこで，話を聞いた後，ガイダンス（情報提供）したり，コンサルテーション（知識を提供して助言）する」と説明するのである。さらに平成12年の終わりに当時の労働省の審議会がキャリアコンサルタントという用語を用いた。その理由は「カウンセラーというと治療を意味するから」ということであった。治療でない援助活動の必要性を主張していることは理解できるが，カウンセリングとは別の用語を当てはめたということは，「カウンセリング」を治療と捉えている立場と変わりないので，このカテゴリィに入れてみた。

(4) 個人のキャリア形成（career formation）に関わる個別援助を意味する場合

職業人の能力開発支援に関する文献に多く見受けられるカテゴリィである。たとえば，「個々の労働者が，自己の既得の能力，適性，関心などを把握した上で，職業生涯にわたるキャリア形成を設計し，そのために必要な，自己啓発を含めた能力開発プランを立てることを，専門的見地から助言すること，すなわち，キャリア（生涯職業人生）に関する……個別相談援助活動である」（生涯職業能力促進センター，1999, pp.1-2）とし，さらに北浦（1996）は，「個人の職業能力やキャリアの分析・診断を行い，その結果に基づき，将来のキャリア設計と同時に，必要となる能力開発のプランつくりを支援

する事」と定義している。

　このカテゴリィの特徴は，転職・再就職を促進するため職業能力開発を個別に支援することである。たとえば2000年に労働省が発表した「今後の職業能力開発のあり方」のなかでは，産業界のニーズと個人のキャリア希望のすりあわせや，個人のエンプロイアビリティ（雇用可能力），市場を高めるための能力開発の支援の必要性が強調され，それを専門的に支援するものとしてキャリアカウンセリング（キャリアコンサルティングという用語が使われている場合もある）の必要性がうたわれている。

　このカテゴリィでのもう一つ特徴は，キャリアカウンセラーが主導力（指示的）を発揮することが強く打ち出されている点である。

(5) 組織の中でのキャリア計画を支援する方策を指す場合

　(4)のカテゴリィが産業界全体を視野に入れて行う。個人の能力開発の支援を指しているのに対して，第五番目のカテゴリィは，一企業・組織内でのキャリア形成に重点をおいている定義である。たとえば，宮城（2000）は，「組織のニーズと個人のニーズを最大限にすり合わせ，双方が納得いくキャリア開発を行う……ことの支援策の有効な方策の一つ」(p.20)と記述しており，したがって，「今後どの企業・組織でもキャリアアセスメントを行い相談に乗ってもらえる部署（キャリア・マネジメントセンターなど）が必要であり，……，また，日ごろから社員のキャリアを育成する（キャリアカウンセラーとしての）役割を果たすのは上司またはメンターである」(p.21)と説明している。ちなみに，この説明ではカウンセラーとメンターの混同が見うけられる。両者の関係については本書の第4章で詳細に検討する。

(6) キャリアカウンセリングの独自性を強調している場合

このカテゴリィは、従来の職業カウンセリング（職業相談）とキャリアカウンセリングを対比させ、それぞれの違いを明確にしながら、キャリアカウンセリングを独自なものと捉えている立場である。外国の文献にはこのカテゴリィに属する定義が多いが、日本の文献ではあまり見出されなかった。

少ないなかの一つとして、伊東（1994）の論文がある。そこでは、職業カウンセリングは特性・因子理論的カウンセリングで、個人の特性と職務を遂行するための要件とを上手にマッチングさせることを理想としているのに対して、キャリアカウンセリングは、その特性・因子理論に加えて、発達理論の立場から、個人の人生の一時点の「問題」から生涯にわたるそれぞれの時期での進路やそれに関わる「問題」に対処しつつ、自己実現への方向を目指して進む活動である、と説明しており、その違いは、同一の職業適性検査を使っても、その活用の仕方がおのずと異なることを例示している。

以上の六つのカテゴリィは、日本のキャリアカウンセリングの現状を完璧に網羅しているものではないし、またそれぞれのカテゴリィが完全に独立しているわけでもない。もっと別の使われ方があるかもしれないし、視点を変えれば異なった分類も可能であろう。しかし、これだけでも、「キャリアカウンセリング」界の混乱状態を認識するのには十分ではないかと思われる。

これらの六つのカテゴリィをさらに比較してみると、「キャリア」の概念を強調しているという点で、(2)、(4)、(5)、(6) は共通している。しかし、「キャリア」という語の解釈において、この四つのカテゴリィは一致しているわけではない。もう一つ、「カウンセリング」に焦点を当てているという点で、(1)、(2)、(3)、(6) は共通している。しかし、ここでもカウンセリングの捉え方は一致してい

ない。(2) と (3) は「セラピィ」との区別に重点が置かれ，(4) は個別面接とほぼ同意語とも解釈できる使い方である。さらに，ガイダンス（教育的指導）的要素を強調している点で，(2), (4), (5) は共通している。

また，他のカウンセリングの場合と異なり，キャリアカウンセリングという語は，使う人によって，その対象となる人が限定されている感を受ける。たとえば，生徒・学生などの若者のみを対象として議論している場合と，職業人あるいは企業の従業員，もっと極端になると，解雇通告を受けた人や失業状態にいる人のみを対象としている場合などである。

3　混乱の原因はどこに？

著者らは，日本におけるキャリアカウンセリングの普及状況について，完璧ではないが，かなりの文献を検索してみた。その結果，現場では「かなりの混乱が起きている」という結論に至った。われわれは，このような混乱を少しでも整理し，キャリアカウンセリングが日本社会に何らかのかたちで貢献できることを願って本書を企画した。混乱の解決に挑戦するにあたって，われわれは，特定の理論を示し，「これが最も望ましいものだ」と紹介することで，この混乱状態を整理してはならないという信念を再確認した。逆に，読者の方々が「自分のアプローチ」を作り上げることで，この混乱を克服していただきたいと願い，そのために役立つ情報を提供すべきであると考えている。それがまさにカウンセリングの精神であると考えるからである。

そこでまずわれわれは，以上の分析結果に基づいて，「なぜ，このような混乱状態に陥ったのか？」「混乱の原因は何なのか？」を推測することから始めることにしたい。

(1) アメリカからの輸入であること

著者らは，混乱の中核的な原因を，キャリアカウンセリングがアメリカから輸入されたものであることにあると推測する。客観的に測定できたり，五感をとおして直接確認できたり，因果関係が証明できるような実体のあるものの場合と異なり，思想や概念など抽象的なものの場合，その誕生過程でも他国への導入過程でも，個人に委ねられる部分が非常に大きいため，同一の言語で表現されてもその解釈は主観的になる恐れが大きい。カウンセリングもキャリアもともに後者に属するものと考えられる（渡辺，1996）。

さらに，アメリカにおいても，この分野はかなりの混乱を経験してきている。そのたびに専門家の集団である学会が先頭に立って概念の明確化に多くの努力を払ってきた。このような状況のもとでは，輸入の仕方次第でアメリカの混乱を混乱と知らずに輸入してしまうことも起こりえたのである。

(2)「キャリア」という用語の解釈の多様なこと

「キャリア」という言葉は，キャリアカウンセリングとかキャリア発達という言葉や概念が紹介される以前から日本社会で用いられており，「①経歴とか経験，②職業，特に専門的な知識や技術を要する職業についていること，③日本の中央官庁で，国家公務員Ⅰ種合格者である者の俗称」（大辞林）などを意味する言葉として定着している。このように意味はかなり多様であるが，その多様さはよく知られ，定着しているがゆえに，あらためて，キャリアカウンセリングやキャリア発達でいうところのキャリアが何を意味するかを明確にする必要性がないと思われ，従来の意味をあてはめて使用している。しかし，そこに混乱の原因があるかもしれない。

実はアメリカの関係者の中にも，vocationalとcareerをほとんど同意語として用いている人々は少なくない。日本のハロー・ワーク

にあたる雇用サービスセンターが数年前にキャリアセンターに呼び名を変えたが，求職者に対する具体的なサービスの仕方には大きな変化が見られないのはその例といえよう。

(3)「カウンセリング」の概念の不明確なこと

日本では，カウンセリングが流行しているのとは裏腹に，その意味が明確化されないままである。たとえばスクールカウンセラーが日本の学校にも配置されるようになった。しかし，その職務に就けるのは臨床心理士であるという，諸外国では理解のできない現象が堂々とまかり通っている。なぜかというと諸外国ではスクールカウンセラーは独立した専門職であり，それに就くのはカウンセラーであって臨床心理士（psychotherapist）ではない。両者はそれぞれ異なった教育訓練をもち，異なった使命をもって学校教育に貢献するからである。

日本ではカウンセリングは心理治療と同意語に扱われることもあれば，心理療法の一技法と捉えられる場合もある。また，カウンセラーは「積極的傾聴」をし，助言や指導はせず，ひたすら支援することと捉えられている場合もある（渡辺，1996）。いずれにしても，キャリアカウンセリングを支えるカウンセリング心理学は，未だに一つの独立した分野としては認識されていないし，またカウンセリングの全体像にもあまり関心が払われず，むしろ，特定の理論，特定の研究者や実践家の主張を，必要に応じて輸入し紹介してきたことが，混乱の原因であると推測される。

(4) カウンセラーの果たす多様な機能と「カウンセリング」との関連に起因すること

もう一つの混乱の原因は，アメリカにおいて，カウンセラーはカウンセリング以外にもいろいろな機能を果たしているという現実が，

日本に正確に伝えられてこなかったことにもあると思われる。カウンセリング以外の機能は，カウンセリングの効果をあげるためでもあり，カウンセリングの目指す目標を達成させるためでもあるので，カウンセラーは，カウンセリングを行なうことと全く矛盾することなく従事できるのである。古典的な機能は，ガイダンスの運営・実践，心理テストの開発と利用，コンサルテーションなどである。また，アメリカのカウンセラーたちは，カウンセラーとなるための教育訓練の過程で習得した知識や能力が，現代社会で求められているいろいろなヒューマンサービスに生かされることを察知して，積極的に新たなプログラムや仕事を創出している。最近日本で流行しだした災害カウンセリングとかPTSD（外傷性ストレス障害）への対応，メンターリングやコーチングなどはその例である。

アメリカのカウンセラーのこのような現実とは別に，日本では，カウンセラーは「カウンセリングを専門にする人」という固定観念が支配的であるため，アメリカのカウンセリング関係の文献やカウンセラーから，カウンセリング以外の機能を果たしていることを知り，「カウンセラーが行なうのだから，それらもカウンセリングだ」と理解してしまうというということが，混乱の原因となっているのではないかと想像する。

キャリアカウンセリングをめぐる混乱の原因をこのように分析してみた。これから本書をとおして，これらの混乱の原因となっている事象に回答を求めながら，キャリアカウンセリングの特徴と理念とを明確化し，われわれ一人ひとりと現代社会の双方に，キャリアカウンセラーがどのように貢献できるのかを考えていきたいと思う。

第1章

キャリアカウンセリングとは

　日本において,「キャリアカウンセリング」という言葉が具体的に何を意味するかについての統一された見解がないことは,序章ですでに指摘したとおりである。統一した見解がなければならないというわけではないが,皆が同じ意味で用いているのではないという事実は認識しておいた方がよいと思う。また,キャリアカウンセリングに関係する人々の間だけで通じていればよいというものではない。情報社会になれば,一般社会の中で専門用語が日常語のようにますます使われるようになるので,意味があいまいな言葉は,そのうち姿を変えてしまう恐れもある。流行すればするほど,人々がそのイメージを具体的に把握できないというのは問題である。とくにキャリアカウンセリングのように,個人および社会に貢献することを目的としているものとなると,イメージのあいまいさは,カウンセラ

ーにとっても，人々にとっても決してプラスではないと思う。

著者らはともに，キャリアカウンセリングに携わる者の責任として，自分が関与するキャリアカウンセリングとは具体的にどのようなものなのか，その特徴や独自性は何なのか，類似の行為とどこが異なるのかなどを，他の人々が理解できるように明解に説明する責任があると考える。そこで，本章では，キャリアカウンセリングの定義，その背景にある基本的概念などを取り上げることとする。

1 キャリアカウンセリングとは

カウンセリングの定義が多様なように，キャリアカウンセリングの定義も決して一つではない。アメリカにおいても時代背景を受けて変化してきたし，国や文化が違えば，キャリアカウンセリングの具体的なイメージや目標は異なる。カウンセリング心理学者の間でも，誰を対象として，何を具体的目標とし，どのような技法を用いるのかはカウンセリングアプローチによって異なるので，キャリアカウンセリングの捉え方に関しても強調点などに違いが出る。

アメリカ社会の場合，キャリアカウンセリングの意味する内容は次の二つに大別できるであろう。一つは「個人の職業（進路）選択，さらには選択に向けての準備（開発すべき職業能力なども含む）を援助する過程」を意味する場合で，実際にはこの意味で用いられている場合がかなり多い。もう一つは「キャリアに関するカウンセリング」，つまり，「将来の生活設計と関連づけながら，現在の職業選択をしたり，生活上で果たしたいと願うさまざまの役割（職業人，親，配偶者など）のバランスを考え，生き方を考える過程としてのカウンセリング」を意味する場合である。両者は，一見たいした違いはないように捉えられるが，実はカウンセリング過程やカウンセ

ラーの行為においてかなりの違いがある。そこでまず，両者の違いを指摘してみたい。

第一の違いは，カウンセラーが焦点を当てる「対象」が異なることである。前者は，選ぶ対象である「具体的な職業（進路）」に焦点が当てられ，後者は「キャリア」を対象とする。第二の違いは，主に視野に入れる「時間」の違いである。前者は目の前に迫っている選択時点に焦点を当てるのに対して，後者は，中，長期的将来を視野に入れて現時点を見る。第三の違いは，選択の「複雑さ」に関する考え方にある。前者は選択すべき職種や職場，あるいは開発すべき職業能力の領域に焦点をあてるが，後者は，さまざまな社会的役割や生活上の役割との相互関係のなかで職業的役割を位置づけ，さらに時間との関連を視野に入れてカウンセリングをする。

アメリカの場合，「職業カウンセリング」はもはや死語となったといっても過言ではなく，「キャリアカウンセリング」に置き換えられた。このことから見ても，二つのイメージのうちの前者は従来の職業カウンセリングそのものであり，キャリアカウンセリングと呼びかえられたにすぎないと言える。日本の場合は，職業カウンセリングとキャリアカウンセリングは並存しており，両者は同じではないと説明されている。しかし実際のキャリアカウンセラーの行動を見るとその違いは判然としない場合が少なくないし，まえがきで述べたような混乱も放置されたままである。日本においては職務（jobs），職種（occupations），キャリア（careers）という用語は現実ではほとんど同義的に用いられている場合が多いが，アメリカでは，一応区別して使っている。そのため，なにかにつけてアメリカの文献を参考にする日本人にとっては，それぞれの著者がこれらの用語をどのように区別して使っているかに気をつける必要があるであろう。とくに，カウンセリング心理学や職業心理学の領域では，これらの用語の意味を明確に区別しており，その違いはカウンセリング過程

における強調点や焦点の当て方において明確にされていることを指摘している。

たとえば、クライツ（Crites, 1981）はキャリアカウンセリングを、「個人が適切なキャリア決定をできるように援助することに焦点を当てた対人関係（interpersonal）の過程である」と定義している。この場合「キャリア」の概念の捉え方によって、クライツが予想もしない内容に解釈されないとも限らない。また、ブラウンとブルックス（Brown & Brooks, 1991）は次のように定義している。すなわち、キャリアカウンセリングとは「キャリア発達上の課題や問題をもつ個人を援助することを目的とした対人関係の過程である。キャリア発達とはある職業を選び、それに従事し、適応し、さらに、その職業をとおして発展していく過程であり、また、他の性格上の諸役割とダイナミックに相互作用する生涯にわたる過程でもある。キャリア問題とは、選択決定していない、できない、決定しようとしないなどのキャリア決定に関わること、仕事上の成果、ストレスと適応問題、個人と仕事との不一致、生活上の役割（親、市民、その他の人間関係など）との不満足な関係などであるが、それらに限定されてはいない」（p.5）と、一見かなり具体的な説明をしている。ここではキャリアの概念がかなり明確に示されている。クライツの場合は、彼がスーパーの教え子であり、キャリア発達の研究家であり、実存的カウンセリングアプローチに立っていることを知っていれば、キャリアの意味は明白である。

ここで、カウンセラーが認識しておかなければならない、職業（職務と職種を含む）とキャリアという言葉に含まれる概念的特徴を簡単に指摘しておきたい。

まず、「職業」の最も重要な特徴の一つは、「個人から独立して存在する」ということである。つまり、職業は、人々がそれについているかどうかに関係なくこの世のなかに存在している。したがって、

「求人職業」とか「その職業は充足された」ということが起こるのである。また，職業は，いろいろな客観的条件や雇用主の要請を基準に分類されうるし，その職業を遂行するのに必要な資質をもった人が選択できるものである。

また，職業は，個人がそれを遂行する過程や成果の内容で比較されうるものである。そのために，個人が職業を選択したり，あるいは雇用主がその職業に適した人を選抜する場合，職業は，個人の経験やスキル，能力，興味などを基礎にして比較検討されうるものなのである。

他方，「キャリア」の概念は異なる。まず，キャリアとは個々人が自分で構成するものであり，「個人から独立しては存在しえない」という概念が含まれている。その意味で，人は職種を選ぶようにキャリアを選ぶことはないのである。キャリアは，個々人が，具体的な職業や職場などの選択・決定をとおして，時間をかけて一歩一歩努力して進んでいくのであり，創造していくものである。個人が何を選び，何を選ばないかによって作り出されるものであるから，ダイナミックであり，生涯にわたって展開されるものなのである。したがってキャリアは個々人にとってユニーク（独自）なものである。キャリアはまた，仕事上の役割と，家庭や地域社会の役割とが統合されているので，他の人の目で観察できるという特徴をもつ。このように見ると，「キャリア」という語はさまざまな役割を総合するライフスタイルという概念と重なってくる。キャリアカウンセリングと従来の職業相談との違いとして，「目の前に迫っている就職先や進路先の選択・決定には関わらないこと」をキャリアカウンセリングの特徴としてあげる場合があるが，それは誤解であることは明らかであろう。キャリアカウンセリングにおいても進路先の選択・決定は重要な課題である。なぜならクライエントにとって解決しなければならない課題だからである。違いは，援助の過程におけるカウン

セラーの視点と行動にあるのである。それはキャリアという言葉には上述したような意味が内包されているからである。つまり、目の前の就職先や進路先の選択を援助する場合であっても、「選択過程自体も選択した後の生活を生きるのも、目の前にいるクライエント自身である」こと、そして、目の前の選択を具体的な職業との関連からだけで見るのではなく、クライエント自身の生き方（例：昇進を願っているのか、安定した生活が重要か；起こりうる役割葛藤はどうか；能力開発への関心はどうか）と関係づけながら、選択を援助することによって、目の前の選択がクライエントのキャリアを創造するのに繋がるように援助するのである。

　キャリアカウンセリングはまた、職業ストレスや同僚や上司との対人関係上の諸問題、中年期の（自発的にしろ解雇などによる非自発的にしろ）離転職、失業とか不完全雇用状態などの職業生活に関わる個人の問題の解決にカウンセリングプロセスを応用する場合に用いられる言葉でもある。キャリアという言葉の概念をよく理解すると、キャリアが「職業との関わりにおける個人の行動」を意味する言葉であることは明らかであろう。その意味で、キャリアは個人の行動であり、心理的過程であると言えよう。また、カウンセラーは「個人と環境との相互作用」に焦点を当てて個人を心理的視点に立って援助することを特徴とする。したがって、昨今のように産業構造が変化し、職業との関わりなしに生きられない環境にいる現代人の現実を直視するとき、カウンセラーにとって職業問題を心理的問題と切り離すことは不可能なことである。カウンセラーの独自性を発揮しようとすればするほど、キャリアカウンセリングとパーソナルカウンセリングの境は不明確とならざるをえないはずである。カウンセラーが真に個人と社会のために役立とうとするならば、キャリアカウンセリングと心理的カウンセリングの融合を考えざるをえないし、両者を融合できる能力が問われるであろう。伝統的なキ

ャリアカウンセリングと心理的カウンセリングの融合はある意味で，本書の核となる理念でもあるので，後に詳しく紹介したい。

なお，本書の著者らは，キャリアカウンセリングを次のように定義して用いることとする。すなわち，「キャリアカウンセリングとは，(1)大部分が言語をとおして行なわれるプロセスであり，(2)カウンセラーとカウンセリィ（たち）（注：日本では一般に「クライエント」という語を用いるが，アメリカではカウンセラーに対してカウンセリィを用いて，他の援助過程での相談者と区別する傾向がある）は，ダイナミックで協力的な関係のなかで，カウンセリィの目標をともに明確化し，それに向かって行動していくことに焦点を当て，(3)自分自身の行為と変容に責任をもつカウンセリィが，自己理解を深め，選択可能な行動について把握していき，自分でキャリアを計画しマネージメントするのに必要なスキルを習得し，情報を駆使して意思決定していけるように援助することを目指して，(4)カウンセラーがさまざまな援助行動をとるプロセスである」(Herr & Cramer, 1996)。なお，キャリアカウンセリングの具体的なプロセスについては第5章で述べることとする。

2 キャリアガイダンスとキャリアカウンセリングとの関係

キャリアカウンセリングのイメージを明確にするために，キャリアガイダンスという用語との関係を整理しておくことも役に立つのではないかと思われる。

アメリカでは長い間，カウンセリングとガイダンスは，主に学校場面で教育での言葉として，両者を対にして用いてきたこともあって，両者の区別は必ずしも明確にされてこなかった。著者（Herr, 1997）の調査によると，1970年くらいまでは，時には同一の過程と

してみなされたり，時には競合する活動として取り扱われたりしてきた。しかし，全般的には，キャリアカウンセリングとキャリアガイダンスを区別して用いることはめったになく，両者は漠然と一体のものとしてみなされてきたようである。ちなみに，アメリカにおいて，職業（vocational）ガイダンスがキャリアガイダンスという名称に移行したのは1970年代初頭であり，そのきっかけはキャリア教育（career education）の法制化である。すなわち，キャリア教育の導入によってキャリア発達理論がスクールカウンセラーの現場に実質的な影響を与えだし，またキャリア発達理論を理論的枠組みとすることでキャリア教育も発展したのである（キャリア教育については終章で詳しく取りあげることとする）。

1950年代後半まで，つまり専門家としてのカウンセラー教育が始まる以前は，パーソンズの「職業相談モデル」が優勢であったし，カウンセラーといっても，現在のようなカウンセリングよりも心理検査の実施と解釈および情報提供を主な仕事としていた。つまりパーソンズの提唱した職業相談の三つのステップのうちの1と2のステップが中心となり，最後のカウンセリングは補足的となっていた。その意味で，職業ガイダンスのみが存在していたといっても過言ではないであろう。しかし，やがて，カウンセリングの重要性が叫ばれるにつれて，カウンセリング自体を一つの重要な介入行動として独立させて取り扱う動きがでるようになり，それを反映して，ガイダンスとカウンセリングという風に，andでつなげて，両者を平等に使うようになった。さらに，ロジャーズのクライエント・センタード・カウンセリングの影響がカウンセラー教育を席捲した1960年代は，「カウンセリング関係」の重要性が強調され，カウンセラーとクライエントとの関係場面に焦点が注がれるようになった。また，今まで職業ガイダンスを専門的に行なってきたスクールカウンセラーの間でも，カウンセリングさらには心理治療への関心が高まった

ことは事実である。その後については，カウンセリング心理学の歴史を参照していただきたい。

他方，1970年代以降，キャリア教育導入と，その背景となる青少年の失業と職業的未発達の問題，さらには中年期の危機や高齢者の再就職，退職者のカウンセリングへの需要の高まり等に影響され，生涯キャリア発達の研究が進展した。このような時代の流れのなかで，アメリカの関連学会およびカウンセラー教育者の間で，キャリアガイダンスとキャリアカウンセリングの違いを明確に定義づける努力がなされた。

最近では，キャリアガイダンスは「個々人のキャリア発達とキャリアマネージメントにとって重要な知識やスキルを明らかにし，かつ個々人がそれらを獲得するのを促進するように計画された，方法と体験を統合する体系的なプログラム」(Herr & Cramer, 1992)のことを指し，キャリアカウンセリングは，そのプログラムの中の中核的な一援助過程と位置づけられるのが一般的である。もちろんキャリアカウンセリングはガイダンスというプログラムがなくても存在しうるものである。なお学校でのキャリアガイダンスの責任者はスクールカウンセラーである。

最近の動向としてもう一つの方向を紹介する必要があろう。それは，ガイダンスという言葉の代わりに，キャリアサービス（複数，career services）という新たな言葉を導入したことである。その理由はガイダンスというと，歴史的に学校，特に中等学校での教育活動の一部であったため，今でもそのイメージがぬぐわれないでいることに由来する。それは日本でも同様である。そのため実質的には卒業後の進路の選択を指導するプログラムのイメージが非常に強いことはアメリカでも同様である。しかし，今や，キャリアガイダンスを必要とする人は学校の生徒だけではないからである。産業構造，経済状況，そして社会環境全般の変動は，職業経験の長いなか，高

年齢の人，再就職を希望する成人女性，心身に何らかの障害を持ちながらも自立した生活を送っている人々などの職業生活および人生設計を根底から揺さぶっているからである。職業経験や社会経験があるからといってこのような変化にうまく対応できる訳ではなく，かえって経験があるがゆえに新たな状況に適応できず困難に陥る場合が少なくないことが明らかとなっている。いまや，予防的，さらには発達的視点にたった支援体制が各年齢層のために求められているのはそのためであり，事実，労働行政機関，地域社会，産業界等でキャリア支援関連のセミナーなどが盛んに計画されている。キャリアカウンセリングも含め，さまざまなキャリア支援の活動の総称として，アメリカでは「キャリアサービス」という用語が創出されたのである。基本理念と，具体的な内容，方法は学校におけるキャリアガイダンスで発展させられたものの応用である。

ちなみに，キャリアガイダンスというプログラムを構成する具体的な介入行動としては，カウンセリングの他に，キャリア学習，自己理解を支援する自己評価（アセスメント），キャリア情報の探索活用活動，各種就業体験，キャリア計画を支援する活動，他の専門機関への紹介，追指導などがあげられる。

3 キャリアカウンセリングへの挑戦

捉え方や強調点の置き方は異なるにしても，キャリアカウンセリングは，常に，それぞれの社会がその住民に与えてくれるいろいろな機会と関わる。と同時に，その住民がその機会を自分のものにしようとか，利用しようとする時に遭遇する障壁（この障壁は社会が設けたもの）にも関わるという点では一致している。社会が機会を提供していながら，同じ社会が設けている障壁のために，その機会

を生かせる状況に個人差ができてしまっているのが現実である。社会が設けた障壁とは，性による差別，その人の家庭の経済的状況の影響，教育歴の影響，年齢による差別などである。たとえば，仕事上の性別役割の違いは国によって対処法が異なる。女性は男性ほど科学的，機械的，数学的職業へ進むことが奨励されない，というような性によるステレオタイプはいまでも存在する。そのために女性が一般的に男性的と呼ばれる職業や専門分野で経験を積む機会は少なくなっている。調査によると，興味や能力，仕事上の業績にそのような性差は認められないが，社会に存在する性別ステレオタイプは，女性に，男性的と思われている領域での活動や仕事での経験を積む機会を少なくし，そのような職業を選ばせないようにしていることは確かである。また，女性は，出産，育児の役割があるという理由で，長期的雇用の機会も少ないし，管理職への昇進の機会も少ないことは現実に存在しているのである。

　また，父親の病気や失業のため，家庭の経済状態が急に悪化した結果，長男として家計を助けなければならず，希望していた進学をあきらめることになるということも起きている。そして，実力があっても大学卒業でないために昇進ルートが狭まるということもないわけではない。日本の場合は年齢も大きな障壁である。定年退職という制度はまさにその典型的な例である。

　キャリアカウンセリングが関わる社会的障壁のなかで，意外と忘れられがちなものに，「情報の不足」という障害がある。情報の入手は個人の努力や情報入手の仕方についての知識もあるが，環境によって接することができる情報が違うことも事実である。進学校では職業情報など必要ないとして，用意されていない場合もある。役割モデルが身近にいないために選択の幅が狭まることも，情報の不足の一つである。

　これらは個人の努力不足なのではなく，育った環境や時代が原因

となっているのである。さまざまな法律が整備されることで、個人の力ではどうしようもできないこのような社会的障壁を除去し、基本的人権を守るための最低の環境が用意されるということが必要である。しかし法律の制定だけで社会的障壁が影響力をもたなくなることはないことも現実である。ここにキャリアカウンセリングへの挑戦とその存在意義があると思われる。

他方、社会的障壁ではなく、個人自身のうちにある障壁のためによい機会を生かせない場合も決して少なくない。社会的障壁の影響が少なくなればなるほど、個人の側にある障壁を取り除かなければならないこともカウンセリングへの挑戦である。たとえば、意思決定の仕方を知らない；新しい市場価値の高いスキルを学ぶという危険を冒したがらない；不完全雇用状態にあって、能力を十分に活用できず欲求不満や不安に陥っている；失業状態にあっても、過去の経歴に固執していて仕事を探せないでいる；人間関係が良くないため、上司や同僚とうまく働くことができない；自分のスキルのレベルや価値観、興味などを把握していないため、それらを生かせる就職ができないなど、これらの状況はどれも個人自身のうちにある障壁に起因しているし、これを乗り越えることは個人にとっての挑戦である。

これからのカウンセラーは、環境そのものを変えるというチャレンジ的な役割をとるとともに、個人が機会を生かせるような能力を身につけ、主体的な行動がとれるようになり、社会の障壁に立ち向かえるようになることで、社会の障壁を実質的になくしていくのを援助する役割をもつと言われている。

経済のグローバル化とIT化が人間の働き方に与える影響はまだまだはかり知れない。カウンセリングというと、今問題をもっている人、不適応状態にいて十分に機能できないでいる人を主たる対象としてきたが、現在自分の仕事に十分適応し、実力を発揮してきた

人々も，このような予期せぬ変化のなかで，いつ職業生活上の問題に遭遇しないとも限らない，という予想だけはできる。経験を積んだ仕事の内容が変わることで混乱したり，さまざまに氾濫する情報のなかで情報不足の感を強めて確実感を失ったり，自分の仕事の継続性への疑問から安定感を失い，安定をもたらす基盤が見出せなかったり，それまでの仕事にやりがいをもっていた人は同様の仕事を探せるかどうかの不安に陥るなど，今まで主体的に生きてきた人々が，経験が生きない新たな問題に遭遇して，一時的に不適応になる可能性があるのである。こうなると本当に有能な専門家としてのキャリアカウンセラーが必要となるのではないだろうか。

4　キャリアの新しい概念

　キャリアカウンセリングのイメージをあいまいにしている原因の一つは「カウンセリング」の定義が明確にされていないことにある。この点については第3章で詳細に取り上げることとしたい。もう一つの原因は「キャリア」という言葉に由来すると思われる。キャリアという言葉は，キャリアカウンセリングとかキャリア発達という言葉が紹介されるよりもはるか以前に日本でも一般に，かつ，かなり共通した意味で使用されてきた。そして，最近では一段とポピュラーになり，その使われ方は一層多様になった。キャリアの使われ方を調べた川崎（1994）は，時には職業（occupation）に変わる新たな言葉として，職業と同じ意味で用いられている場合もあるが，一般的には従来と同様，「昇進や上昇的職業移動」およびそのような職業移動が行なわれる職業を意味したり，高度な専門職の総称であったり，仕事と関連した経験と態度の一生涯にわたる連鎖（Cairo, 1992）を意味することを指摘していたりしている。

キャリアというカタカナ語がこのような意味で用いられてきた背景があるため,日本でキャリアカウンセリングとかキャリア発達(産業界ではキャリア開発という場合が多い)を説明する人々のなかに,「階段を上るような縦指向の変化」というニュアンスで解説をする人がかなり見受けられる。事実,キャリア,ノンキャリアとかキャリアウーマンなどという風に,出世や昇進の階段がはっきりとしている専門職業を指す言葉として使われてきた。つまり「キャリア」には専門職業というだけではなく,「縦に,上に向かって段階を追って進む」という意味があり,そこから栄達への道とか成功という意味を内包していることは確かである。

　つい最近まで,大方の人の職業生活は最初の選択(初職)でその後の生活が決まるといわれていたし,事実,その可能性は高かった。雇用者は基本的に退職まで同じ会社にとどまるだろうと仮定されていた。そのような時代背景のなかでは,最初の職業選択時点で一生涯働き続けられるようなフルタイムの仕事,職場あるいは会社を選択することが賢明かつ効果的な選択であったであろう。

　一つの職業あるいは職場を選択したならば,その後は,その職業や職場での職業生活をとおして,実践力や知識を習得し,業績を上げ,そこでの生き方を身につけていくことで,変化にも対応できるようになっていた。そのような状況のもとでは,人の職業生活はかなり予測可能であり,先輩の姿を見ることで将来設計ができ,一つの企業のなかで昇給昇格するという成功の過程も明らかであった。また,このような文脈のなかでは,働く場を選んだ後は,雇用者の具体的な仕事上の役割は,雇用主や管理職あるいはその組織での年功者や熟達者によって決定され,与えられるのであって,雇用者自身がすすんで選択する必要はなく,自由に選ぶことはできなかった。したがって,個人のキャリアとか,成功するということは,その組織が築いてきた昇進の階段を少しでも早く登っていくことであった。

このように最初の選択がその後の職業生活を決める部分が非常に大きかった，という現実社会のなかで，より充実した職業生活を送るのを援助しようとするなら，職業カウンセラーは，最初の職業選択，特に学校から職場への移行時に最も賢明な選択をするのを援助しえることに焦点を当てるのは当然であったのである。それが個人にとっても社会にとっても必要な援助だったからである。カウンセラーが個人と社会のよりよい発展を目指すならば，環境が変化し，職業生涯の有り様が異なってきたなら当然，自分たちの働き方や焦点の当て方も変えなければならないはずである。

職業カウンセリングに代わってキャリアカウンセリングという言葉の方がカウンセラーの機能を的確に示す言葉として取り上げられるようになった背景には，職業生活の変化があり，生涯にわたる人と職業との関係，雇用主と雇用者との関係，企業組織や社会のしくみなどが変化してきたことがある。ということは，われわれは，「キャリア」という言葉の解釈についても再検討しなければならない時代に入ったと言えるのである。そこで，あらためて「キャリア」が本来内包している意味に立ちかえり，職業環境の現状のなかで新たに概念化しなおすことが，キャリアカウンセリングおよびキャリア発達理論の現代的意義を考えるのに必要ではないかと思われる。

英語の「キャリア」は動詞として用いられるとき，「疾走する」とか「突っ走る」を意味する。英語のcareerは道路や競馬場を意味するフランス語のcarrièreに由来しており，もともとはゴールのある競馬場のコースを指していたが，「太陽が空を通り抜ける道筋」とか「人生における特定の職業における前進」を意味するようになったともいわれている（Dalton, 1989）。金井（2001）によるキャリアの概念の整理は非常に意義深く，示唆に富むものであるので，ここに要約して引用したい。まず，金井はキャリアの同義語を，①前進（advance），行程（course），②進行（progression），③職業（vocation), ④猛進 (rush), そして⑤達成された (accomplished) の五つに分類している。そしてそれぞれの同義語から, キャリアの概念を探索している。すなわち, 第一の「前進」とか「行程」は「動き」を意味する言葉であり, さらに同義語としては「旅程」,「歩み」,「ペース」,「軌跡」,「流れ」,「通過点」という言葉がある。第二の「進行」という言葉には「力強く前進する」ニュアンスが含まれるが, 実は, キャリアは,「退行」(後ろに戻ること) とか「回帰」(元に戻ること),「漂流」(状況に流されること) とも同義である。ここから注意しなければならないことは, キャリアのもつ「進む」の意味は「前に」だけではなく,「後ろ」「過去」など多様な方向性を意味していることである。第三は, すでに指摘したように,「具体の職業 (occupation)」, 一連の仕事,「天職 (calling)」や「使命」,「専門職」さらには「生涯の仕事 (life work)」,「生活の歩み (walk of life)」などを意味する。第四の「猛進」は, 急激な勢いで目的に迫ることを意味する。その意味ではキャリアのメタファーは「レース」であり, 事実, キャリアという言葉が, 昇進を目指して殺到する現象やトーナメントのような競争を指す場合もある。しかし, キャリアの意味するレースは短距離ではなくむしろ長距離のニュアンスが強い。長距離レースから想像できるように,「ここぞというところで, 猛進できる」という意味も含まれる。最後の「達成された」を意味する場合は,「技能 (スキル)」に関わる語として用いられ, スキルがある一定のレベルに十分達している状態を指している。そこから,「熟練した」,「経験を積んだ」, さらに「専門的」というニュアンスが生まれる。ここから専門職だけがキャリアを歩めるように捉えられてきたわけである。しかし, 職業の種類 (専門職か否か) を意味するのではなく, スキルに付けられた形容語であることを認識していただきたい。したがって, キャリアは20歳代や30歳代で「達成されてしまう」ことではないのである。

4 キャリアの新しい概念

　ここであらためて強調しておきたいことは、キャリアという言葉には、「進むこと」とともに、「時間的経過」、「積み重ね」などが内包されているということである。ちなみに、スーパーは、1962年に日本で行われた講演の中で、すでに「キャリアの概念は、人生の継続的なプロセスを主たる視点とし……、非常にダイナミック（動的）なプロセスである。……職業は、静的な概念である」(p.16) と指摘している。

　また、すでに職業との違いのところで指摘したように、「それを走る、あるいは前進する人が築くもの」、「人が経験するもの」を指す言葉であるので、「人」から離れては存在しえないのである、ということを忘れてはならないと思う。そこに「職業」という概念との大きな違いがある。

　ワッツ（Watts, 1998）は、キャリアの新しい概念として、「前進とは『前に進む』という意味であり、それは縦へ昇進することだけではない。横へ広がることも前に進むことである」と指摘している。これからのキャリアは仕事と学習をとおして、生涯にわたって個人が前進すること、すなわち階段を上る方向と、水平に多角的に広がる方向の両方で前に進んでいくことが現実的であると述べている。サビカスが「キャリアアップという言葉はキャリアカウンセラーの言葉ではない。キャリアにはアップもダウンもない」と言って、著者の使った「キャリアアップ」という言葉に非常に神経を尖らせていたのは、重要な警鐘として受けとめなければならないのである。

　経済のグローバル化は、将来の職業選択への関わり方に影響を与えた。予測としては、一人の人が生涯の間に7回から8回転職をするだろうし、それらの転職のたびに雇用主（職場）を変えるであろう。したがって人々は、以前にもまして、自分のキャリアマネージメントの責任を自分でとらなければならなくなる。これが新たなキャリアモデルの根本の概念なのである。

アーノルドとジャクソン（Arnold & Jackson, 1997）はこの点について以下のように述べている。

> 仕事を組織し構造化する方式が変化しているということは，伝統的なキャリアの概念を構成しなおさなければならないことを意味するし，また，新たなキャリアの概念は以前のものとは質的に異なることを意味する。そして，新たなキャリアの概念に影響を与える要因として次のようなものが多くの国で共通すると考えられる。すなわち，
>
> 雇用機会の構造に起きてきた変化は，キャリアパターンと経験の多様性の拡大を意味する……今以上に様々な種類のキャリア移行が起こる。その結果，将来，今まで女性が経験してきた不安定な，断片的なキャリアを経験する男性が増えるであろう（p.428）……多くの人が，ますます，小規模あるいは中規模企業で働くようになるであろうし，自営業の人も増える……生涯学習への要求が高まり，キャリア移行期にある人々を支えるためのキャリアガイダンスとして適切なプログラムが求められる。……新たなキャリアは，キャリアをめぐる変化した客観的現実とともに，人々が自分のキャリアに一生懸命関わってきたという主観的な側面と普遍性の両面を認識する（p.429）

したがって，半世紀にわたっていくつかの国々で考えられ実践されてきたキャリアデベロプメント（キャリア発達）のプロセス自体，関わる仕事の内容や，職場における技術的・組織的変化の関数として変化してきているのである。その結果，個人は今，安全な生涯雇用を期待できなくなっている。したがって，自分にとって意味があり満足できるように，自分のキャリアを効果的に管理することに注意を払いながらキャリアをみなおす機会に対峙することが以前より

はるかに多くなってきたし,具体的に転職する過程に直面せざるをえない状況も増えてきている (Ball & Jordan, 1997)。

職務や職種中心から,新たなコーポレート環境へと移行している国々は,ある意味で,ホールら (Hall et al., 1996) が「キャリアの関係論的アプローチ」のなかで提唱した「変幻自在のキャリア」を産む温床となっているといえるのである。ホールらは新たなキャリアの軌道を次のように予示している。

　……人々は,さまざまな生産分野,技術,機能,組織などの労働環境を出たり入ったりするので,人々のキャリアはますます,探索—試行—熟達—退去という「ミニ段階」(あるいは小サイクルの学習段階) の連続となるであろう。
　……このようにキャリアの変幻自在な形は,人の能力 (コンピテンシィ) の幅を広げ,仕事と人々を結ぶ方法を広げる,という水平的な成長を促す。これは伝統的な上方移動,垂直の連続的成長と反対である。変幻自在な成長の形態において,目標は学習であり,心理的適応であり,アイデンティティの拡張である。伝統的な形態においては,目標は昇進,他者の目から見た成功,他者からの尊敬,そして力であった (p.35)。

産業・経済の世界を見ると,第一次,第二次,第三次産業というカテゴリィで産業界を分類する時代は去り,農林漁業,生産工業,サービス・情報経済がミックスされる方向で発展していることは周知のことである。またそれぞれの産業には膨大な数の職業が存在し,かつ,新たな職業が次々生まれている。あまりにも多いのでいくつかの基準に基づいて職業を分類してきたが,その分類の基準自体も多様化してきた。その理由は分類を用いる目的が多岐にわたるようになったためである。このような産業界,職業界の変化は,産業構

造,雇用構造,就業形態はもちろんのこと,職業人に求められるスキルや組織のあり方,ひいては一人ひとりの職業生活,生活全般を変容させるほどの影響力をもっているのである。このように変化する現状が,中等学校,大学などの教育機関,地域社会にあるさまざまなサービス機関において,キャリアカウンセリングへの要請が高まる原因となっていることはすでに述べたことである。このような社会・経済的な大きな変革期にあって,キャリアカウンセリングという過程は,一方で「より賢い選択」ができるように個人を援助し,他方で,社会的公平性とより有益性の高いキャリアを個々人が発達させられるような施策を実行する方向で,国家を支援することができるはずである。

　「キャリア」という言葉を用いても,カウンセラーが「一職業分野あるいは一組織の内部に築かれている階段を登っていくこと」を,望ましい職業生活と考える価値観をもつならば,それは伝統的なキャリアの概念のままでとどまっていることを意味するのである。また,もしカウンセラーは,それが,現実社会で個人が求めるべきもっとも望ましい道であると信じるならば,援助の視点は,就職時点での賢明な選択に注がれるべきであり,個人の希望や条件と企業や職業の要求条件(求人条件)とが最良にマッチングすることに集中した職業カウンセリングをすべきである,というワッツ(1998)の言葉にも耳を傾ける必要があると思われる。今あえて「キャリア」という言葉を用いたいと欲するなら,「一職業,一組織内の順序だった階層を登る(progression up)こと」を意味してきた伝統的なキャリアの概念と,新しい「キャリア」の概念がどのように異なるか,そしてなぜそのように概念を変えなければならないか,を認識しておくことが前提となるであろう。

5 キャリアカウンセリングとパーソナルカウンセリングの融合

　先に述べたように，職業との関わりなしに生きられない環境に生きている現代人の現実を直視するとき，この職業・産業界が激しく変化する環境のなかにあって，職業問題を心理的・精神的問題と切り離すことがいかに非現実で非人間的なことであるかは言うまでもないことである。カウンセラーがその専門的独自性を発揮して，真に個人と社会のために役立とうとすればするほど，キャリアカウンセリングとパーソナルカウンセリングの境は不明確とならざるをえないはずである。一人のカウンセラーがすべてに対応する必要はないが，キャリアカウンセリング機能とパーソナルカウンセリング機能を連続線上で捉えることは重要であろう。

　ここで，著者（ハー）は，表1-1に示すような「パーソナルカウンセリング機能と融合させたキャリアカウンセリングモデル」を提唱している。

　表1-1の左端には，キャリアカウンセリングへの古典的な期待を布置し，右端に向かうにしたがって，キャリアカウンセリングへの多様な新たな期待を布置させる。左端から右端に向かうにつれて，問題が複雑化し，より心理的様相を深め，したがって，カウンセラーは，伝統的キャリアカウンセリングとパーソナルカウンセリングを融合した技法や方策を用いなければならなくなる。

　この表は，キャリアカウンセリング機能の広がりと，キャリアカウンセラーに必要なコンピテンシィも要約している。

　表の第1行目に示された「選択」から「変化」への連続線はカウンセリングの目標を示す。ちなみに，タイラー（Tyler, 1969）はカウンセラー教育での古典的名著として，今でも高く評価されている

表 1-1　パーソナルカウンセリング機能と融合したキャリアカウンセリングモデル (Herr, 1997)

	選択／未決定	キャリア－パーソナル カウンセリングの融合	変化／不決断
キャリアカウンセリング	* 教育的 * 支持的 * 問題解決 * 意識的気づき		* 過去の経験を再構築することに焦点を当てる * 自我同一性を解釈しなおす * キャリアパスを計画し直すための方策を検討し、決定し、行動化する
	* ライフ・キャリア目標の明確化を援助する個別またはグループカウンセリングを行う * 能力、興味、関連の心理テストを実施し、解釈する * 宿題や計画された体験の機会などをとおして、探索的行動をとられるように積極的に支援する * 労働界への理解を発展させられるようにキャリア設計や職業情報システムを活用する	* 意思決定能力を向上させる機会を提供する * キャリア計画を自分のものとして発展させられるように援助する * 就職のための戦略とスキルを教え、履歴書・職務経歴書の作成も援助する * 現在の職場で達成可能な条件でみずからのキャリアパスと昇進するために必要な条件をみずからに与えられるように援助する * 職業人が自分の職業能力やスキルの市場価値、移転性、融通性を明確にし、かつ応用可能な場所を探し発展させられるように援助する * 自分のワーク・パーソナリティ、職業的能力、仕事上の目標などを検討するのを援助する	* 人間関係スキル向上のための実習をして、起こる可能性のある職場での個人的葛藤を解決できるように援助する * ストレスマネージメント、アサーティブネス、コミュニケーションスキルなどを教える * クライエントが、ストレスに伴う情動を自己管理できるように、行動に焦点付けて対処行動を発達させ、その結果として情緒的均衡を保てるように援助する * ストレッサーに気づき、積極的に問題解決に取り組む方法をクライエントに教える * 仕事上の役割とその他の生活上の役割の統合を理解できるように援助する * 退職計画をたてるように、昇進する方策を教える * 一人ひとりが、仕事上の役割により一層うまく適応できるように援助する * 組織の風土や期待される行動様式、職務上の要請と個人的な職務満足にかける要素を明確化する	* 職業ストレス、失業、キャリアの転機のさなかにある人々に心理的サポートをする * 解雇された人が怒るさまざまな感情を表現できる機会を与え、今後に対するさまざまな感情を表現できる機会を与える * 問題解決技法などをとおして、自己を積極的万能に変容させ、より充実した職業生活がおくれるように援助する * 職場との分離を促すカウンセリングを行う * 薬物嗜癖の治療のために専門家に紹介する * 家族カウンセリングを行う * 職業やキャリアに関するビリーフを修正する論理的なカウンセリングを行う * 仕事上で能力発揮できなく心理的問題に焦点を当てるべき
状況的			パーソナル

著「カウンセラーのしごと (The work of the counselor)」の中で，カウンセリングとサイコセラピィの違いを，「選択を援助することを目標とするか」か「変化（行動あるいはパーソナリティ）をもたらすことを目標とするか」であると説明した。2行目は「未決定（まだ決めていない状態）」から「不決断（決められないでいる状態）」という意思決定の心理的問題の連続線である。

スーパー（1993）の見解を当てはめると（最下段），左端の問題は「状況的問題」であり，つまりクライエントのおかれた状況（環境）的要因を強調する。右端の問題は，状況に対する「クライエント自身」の認知の仕方や対応の仕方（パーソナル）に起因する問題である。

表の4行目から7行目までは，カウンセリング機能の連続線であり，実線の下はカウンセラーのとる具体的な方策，方法，技法などの例示である。

有能なカウンセラーとは，キャリアの問題と適応上の問題とがどのように絡み合っていようと，柔軟性をもって個々のクライエントに対応でき，クライエントが自分の問題に建設的に対処できるように援助することを目指して，具体的な行動のとれる能力を有している人である。言い換えれば，個人の問題がいかに複雑であるかを認識でき，自分の能力の限界を知り，必要に応じて適切な専門家と協力態勢を組むことで，個々人に対応できる人ということである。

第2章

キャリアカウンセリングの歴史的発展
――アメリカにおける職業カウンセリングから
キャリアカウンセリングへの移行――

　まえがきでも述べたように，日本では，1990年代に入ってから急に「キャリアカウンセリング」が流行語の一つにあげられるくらいポピュラーになり，同時に期待も高まってきている。しかしその一方で，この言葉をめぐって，かなりの混乱も起きていることは第1章で指摘したとおりである。期待が高まった背景には，1980年代以降，日本社会が予期せぬほどの急激な産業構造の変動と経済的不況の長期化，それに伴う産業界の構造改革，さらに予測をはるかに超える勢いで到来した少子・高齢社会のなかで，根こぎになったかのような日本社会と日本人の動揺がある。特に日本特有の雇用慣行のなかに生きてきた成人の衝撃は非常に大きい。変化へ対応するだけの準備ができる前に変化が押し寄せ，その波におぼれかかっているのが21世紀を迎えたときの多くの職業人の状態といえるかもしれな

い。

　このような状況への支援策として，厚生労働省，文部科学省，通産省などの行政機関をはじめ，経済団体や各企業でも，職業人を支援する方策として，アメリカに存在するキャリアカウンセリングに注目しだしたのである。実は，キャリアカウンセリングよりはるか以前に，退職準備教育とかキャリアデベロップメント・プログラム（CDPまたはキャリア開発とも言われる）なども同様の理由で輸入されたことがある。また，キャリアカウンセリングに続いて，コーチングとかメンターシップなどという活動も次々紹介されている。これらはどれもアメリカ社会からの直輸入であり，それらが次々とばらばらに紹介されてきたこともあって，十分に機能できていないのが現状である。その原因の一つは，概念や理念抜きで具体的なプログラムのみが取り入れられてきたことにあるのではないかと推察している。

　キャリアカウンセリングをめぐるもう一つの動きは，キャリアカウンセラーの資格を付与する研修が盛んになり，その一貫としてキャリアカウンセラーを養成するプログラムまで輸入されだしたということである。その背景には，日本で行なわれているカウンセラー養成のほとんどが臨床的・治療的カウンセラーを対象としており，キャリア問題に対応できるカウンセラーの養成ができないという現状認識があると思われる。ここでも，アメリカのカウンセラー教育の背景を考慮せずプログラムだけを輸入するおそれがあり，本当に効果的に運営されるかどうか疑問の残るところである。どの国においても，キャリアカウンセリングは真空地帯で生まれるものではなく，逆にそれぞれの国の社会，経済，政治の果実であるとさえ言われるのである。

　そこで，日本の若者や成人の役に立ち，かつ，日本社会にも寄与できるキャリアカウンセリングのあり方を探求するために，輸出元

であるアメリカにおけるキャリアカウンセリングの歴史的発展を中心として，他の国々の動向を概観することは意味があると思われる。

1　キャリアカウンセリングの歴史

　働く場所を探すのを援助する仕組みは，おそらく人類の歴史とともに存在していたであろう。その意味で，キャリアカウンセリング（職業カウンセリング，職業相談，職業指導を含む）の起源は，古代にまでさかのぼるといってもいいかもしれない。しかし，古代に始まった援助の仕組みは基本的に，個人が働く場所を「選ぶ」のを援助するというよりは，個人の属する階級や身分に基づいて仕事を振り当てるといった方が適切であろう。現代的な意味でのキャリアカウンセリングのアプローチは，19世紀末から20世紀初頭にかけて，まずヨーロッパと北アメリカで始まり，ついで徐々にアジア，アフリカ，そして南アメリカ，さらに20世紀末にはハンガリーなどの東ヨーロッパと旧ソビエト連邦へと広がっていった。このように，現代のキャリアカウンセリングが発展していった地域の順序が暗示するように，キャリアカウンセリングは，それぞれの地域の工業化の進展と職業構造の多様化傾向があって初めて生まれたといっても過言ではないであろう。

　どの国においても，社会的，経済的，政治的変動に適切に対応できる手段という期待をもって，キャリアカウンセリング，あるいはそれに類する活動に対してあるとき突然熱い視線を向けだすのである。日本の場合も，従来の職業相談，そして最近のキャリアカウンセリングはともに，社会・経済構造の変革期，産業構造の転換期に注目を浴び，発展している。したがって，キャリアカウンセリング（職業相談）とはいっても，その目的や内容は，国の政策や法律によ

り，さまざまな取り扱いを受け，期待される内容も変化してきたのである。たとえば，産業構造の転換にあわせて適切に労働力を配分するための手段としてみられた場合もあれば，職業と労働者を結びつける手段としてとか，若者が自己に目覚め，学校から仕事に移行するのを援助する手段，職業的同一性の確立とかキャリア計画のスキルを発達させる手段，あるいは，特別な援助を必要とする人々（障害者，失業者，学校中退者，女性，外国人労働者など）への情報提供と心理的支援の提供の手段，職場不適応の雇用者，配置転換や解雇対象となる雇用者への援助手段としてなど，さまざまである。

20世紀後半に焦点を当ててみると，たとえば，日本において，キャリアサービスに一番早くから取りかかり，今でもその中心的機能を果たしている労働省（21世紀より厚生労働省）の関連機関での職業相談に対する取り組みの変化を見ると明らかである。たとえば第二次大戦後，アメリカ労働省から職業指導・職業相談が導入されたときは，新規学校卒業者の就職指導と失業者への適職紹介と職場適応が中心であった。その後炭鉱の閉鎖や国鉄の民営化など国の政策転換の影響を直接受けた労働者を対象の転職指導，そして，障害者の雇用率設定や性差別撤廃，定年延長などの法的・政策的変更に伴う新たな雇用者への職業相談・指導等々と，対象者を見ただけでも多様に変化してきている。

最近のキャリアカウンセリングブームに火をつけたのは，企業のリストラに伴う解雇者の増加，職種転換や能力開発の必要性，早期退職勧奨制度への対応など，職業選択・適応の課題が，中・高年齢期の働き盛りの職業人を突然襲ったこと，および，学校を卒業しても働きたがらない若者や就職困難を苦にして自殺する若者の問題など，また，若者の職業意識や行動の変化と学校の職業指導との乖離が原因と考えられる「学校から仕事への移行が困難な」若者の増加が社会問題化したことなどがあげられる。そのため，キャリアカウ

ンセリングに期待されることは、キャリア設計支援、情報提供と意思決定の援助、自己発見と能力開発支援など多岐にわたる。

イギリスにおいても、その政治的イデオロギィおよび関連する理論の両方の変化の影響を受けて、キャリアサービスは過去50年間にその姿を変容させたようである。イギリスのカウンセリング心理学者のロー（Law, 1993）は、その歴史的変遷を、鍵となる言葉で次のように表現している。すなわち、「マッチング（matching）から始まり、能力をつける（enabling）、コーチング（coaching）、そして、ネットワーキング（networking）を経て、教育（education）へ」という変化である。もちろん、これらの言葉はそれぞれ、キャリアカウンセリングがクライエントに対してどのような機能を果たすべきであるか、どのような技能を用いるべきか、何を目的とすべきかにおいて、概念的に異なった捉え方を強調している。

日本やイギリスにおける変遷は強調点の置き方の変化のレベルであるが、キャリアカウンセリングなどまったく存在しなかった時代から、国民への重要なサービスという形で政府の重要課題として導入する時代に入ったという国々もある。たとえば、ハンガリーなどの東ヨーロッパの国々や旧ソ連邦においてみられる現象である。国が計画経済、共産主義経済から市場経済の資本主義に変わったため、個人の自由な選択の重視、最新の労働市場情報の提供、個人が適切な選択と将来設計ができるようになるための教育プログラムの提供が、国の新しい政策事項として浮かび上がったのである。南アフリカにおいても個人の選択の自由の保障と拡大への政策としてキャリアカウンセリングが重点事項となっている。他にも、すべての国民が自分の労働生活を計画し、その実現のための準備をし、生産的に生きられるようになるために必要な公的支援をしなければならない国々がたくさんあることはいうまでもない。

このような大きな変化を経験した国々について注目したいことは、

キャリアカウンセリング・サービスを総合的なシステムとして捉え，それを開発・運営できる人材を養成するカウンセラー教育プログラムの開発とともに，実践可能なプログラムを開発することにエネルギーをそそいでいることである。この2点は，日本がこれら後発の国々から学ばなければならない態度ではないかと思われる。

2　アメリカにおけるキャリアカウンセリングの歴史

アメリカにおけるキャリアカウンセリングの歴史をひもとくということは，まさに20世紀の100年間を振り返ることである。本書では，誕生から前半の50年の時期と，後半の50年に分けて，キャリアカウンセリングの変遷を概観してみたい。

(1) 誕生から50年

現在のキャリアカウンセリングがアメリカで始まったのは19世紀末から20世紀初頭であり，アメリカ経済が農業基盤から製造業基盤の経済へと大きく移行したことと直接関係している。経済がいわゆる第一次産業依存から第二次産業依存へと移行したことによって，急速な都市化の進行と同時に職業の多様化がもたらされた。このように新規の職業が生まれるとき，情報は非常に重要な意味をもつ。今までのように，個人的体験と限られた情報しか持たない家族や近隣の人々ではもはや有効な援助者，職業紹介者とはなりえなくなったのである。特に都会では，家族などによる内輪の支援形態に代わって，初歩的な形の職業カウンセリングを含むフォーマルな援助形態が生まれだしたのである。

また当時，産業革命に成功したアメリカでは，大資本を背景にした製鉄業，家具や自動車等の製造業が主要都市に工場を集約化させ

たため，職業と労働者の都市集中化が起こった。こうした工業化，都市化，移民の増大は，さまざまな社会的変革を促進させるとともに，このような社会的，経済的，政治的変化に国としてどのように呼応すべきかという問題を提起したのである。

トフラーの言葉を借りれば，20世紀はまさに，第二の波と第三の波の両方に洗われた世紀であり，その意味では，アメリカのみならず世界中のあらゆる国がそれまでに経験したことがないほどの速さで変化を経験した。それは言い換えれば，20世紀は社会も人々も次々と新たな問題に遭遇させられた100年間であったともいえよう。職業（キャリア）カウンセリングが生まれた時期だけをとってみても，当時のアメリカ社会はさまざまな問題に直面していたといわれる。たとえば，職業構造が急激に変化するなかで，子供にとって意味のある教育とはどうあるべきか；大人はどのようにして自分の生きる場所を上手に見出していけるのか；移民を今ある職業にどのようにしてうまく就職させられるのか；学校での経験と大人の世界の現実とをどのようにしてつなげたらいいのか；自分の可能性や選択の機会に気づかないがゆえに多くの労働者が転職を繰り返す現実に対して，彼らの不必要な自己破壊や費用をどのようにして減らすことができるのか；多くの労働者に共通する仕事上の不満足感はどのようにして軽減できるのか；家族構成の変化，親類関係の希薄化，少年労働，そして移住と産業革命による過酷な働き方などの結果起こった育児・しつけの方法の変化などにどのように対応したらいいのか，などの問題である。

キャリアカウンセリングの歴史からすると，これらの問題への対応策として，キャリアカウンセリングの初期のモデル，つまり職業カウンセリングのモデル，が発明されたといった方が正しいかもしれない。初期の職業カウンセリングは，人が職業構造の要求とマッチするように援助する実践的で親切な方法とみられていた。という

のは，職業カウンセラーは，どれでもかまわないから目の前にある職業に，いやおうなしに就かせるという威圧的な態度でクライエントに接することはなく，個人には選択する力があること，および，人と職業をマッチングさせるために守るべき順序性と合理的行動があること，の2点を援助の理念としていたからである。20世紀初頭といえば，心理学の分野において個人差の測定に関する重要な研究が行なわれ，現在の心理測定の基礎ができた時期ではあるが，キャリアカウンセリングのモデルの開発やキャリア行動の理解，クライエントの文化的背景のキャリアカウンセリングに与える影響などに関しては，理論も科学的基礎もなかった。理論と科学は欠如していたが，その代わりにテクニックや評価方法を開発して，キャリアカウンセリングを創造するほどの洞察力を備えた天才的な人物がアメリカには存在したのである。最も代表的な人物が，職業カウンセリング（職業相談と同意語）の3ステップ方式を提唱したフランク・パーソンズ（Frank Parsons）である。イギリス生まれのアメリカ人であり，エンジニアでありながら社会改革運動家として活動したパーソンズこそ，アメリカで職業カウンセリングを開始し，20世紀前半の50年間で世界中に職業カウンセリングを広め，発展させる発端を作った人物なのである。彼は，職業カウンセリングのプロセス（彼は「手続き」といった）を真の推論とよび，彼の死後，1909年に出版された著書『職業の選択』の中で，次のように定義している。

　　第一に，自分自身，適性，能力，興味，資源，限界，その他の資質についての明解なる理解。第二に，成功するための必須要件や条件，利点と不利，報酬，就職の機会，さまざまな仕事についての展望などに関する知識。第三に，この二つの事実の関連について真に推論すること。（1909，p.5）

こうしてみると, 職業カウンセリングの世界は, 20世紀の大半をパーソンズのモデルに科学的根拠を提供することに捧げたといっても過言ではないかもしれない。たとえばサラモン (Salamone, 1988) は, 後に付け加えられた科学的基礎として, 第一ステップには個人差を検証し, 測定すること, 第二ステップには客観的方法で職業の違いを示すこと, そして第三ステップには意思決定過程の構成要素を明確化すること, があると指摘している。もちろん20世紀はこれだけで終わったわけではない。特に後半の50年は, キャリア行動についての多くの理論的見解が構築され, キャリア発達の促進, 職業選択, 職業適応上の問題, 失業と不完全雇用などへの効果的な介入行動や介入法の開発のためのいろいろなアプローチが発展した。

パーソンズの三つのステップは, 特性因子論的職業カウンセリングとして知られるアプローチの内容と同じである。どちらの概念モデルも, 個人は所与の特性で描写できるし, 職業や教育に必要な要件も同様の特性で描写できるので, 真の推論という手続きをとおして, 個人の特性と職業の必要要件を結合することで選択が成し遂げられる, という仮定に立っている。ちなみに真の推論という手続きという表現は, われわれのいうところの意思決定過程と同じと見ることができる。

その後多くのアプローチが生まれたが, 職業カウンセリング (後にキャリアカウンセリングと改称される) の歴史を見ると, パーソンズの提唱した三つのステップのうちのどれかに焦点を当てることで, それぞれの時期が特徴づけられていると考えられる。つまり, ある時期は個人の特徴の評価が強調され, あるときは職業の側に焦点が当てられ, また意思決定過程の発達が強調された時期もあった, というふうにである。

20世紀前半の職業カウンセリングの中心的な課題は, 個人が労働市場に入る前に得た資格や各種適性テストの結果から職業選択や職

業上の成功を予測することであったといえよう。したがって，カウンセリングの実践では，パーソンズのモデルの第一ステップと第二ステップに多くのエネルギーがさかれた。

(2) 後半の50年

キャリアカウンセリングの歴史を1950年代を境に前半と後半に分けるのは，決して安易な便利さのためではない。まさしく職業カウンセリングが現在のキャリアカウンセリングへと方向づけられる発端となった出来事があったからである。それは，1951年に，アメリカ心理学会で「カウンセリング心理学」という分野が公式に承認され，それまで「カウンセリングとガイダンス部会」であったのが「カウンセリング心理学部会」と名称を改めたことである。それまでの「カウンセリングとガイダンス部会」は，日本流にいえば職業相談・職業指導部会にあたることを指摘しておきたい。これを契機に，社会改革運動から出発したカウンセラー（職業カウンセラーのこと）という職業が，主として心理学を理論的背景とし，専門職として必要な教育体系を整備しながら，独立した専門分野としての基盤を構築し始めたのである。アメリカにおいてはカウンセリング心理学の発展とともに，職業（キャリア）カウンセリングも，その後次々に誕生したその他のカウンセリング（たとえば結婚カウンセリング，家族カウンセリング，災害カウンセリング，健康カウンセリングなど）と同様，カウンセラーの職業領域の一つとして位置づけられるようになった。もちろん，その歴史的発展からも明らかなように，キャリアカウンセリングはすべてのカウンセラーの中核的な領域でありつづけることに変わりはない。

ちなみに，日本においてはカウンセリングの領域ごとに教育訓練や資格が作られているが，アメリカの場合には，カウンセリング心理学の誕生とともに，「カウンセラー」職として共通の教育・訓練体

系が承認されており,それは,他の専門職(たとえば臨床心理学者,サイコセラピスト,社会福祉士,看護士など)の教育体系とは異なる。キャリアカウンセラーであろうがその他のカウンセラーであろうが,カウンセラーである限りまずはカウンセラーとしての教育を受けるわけである。そのなかで,職業行動の発達に関する知識の習得は必須となっていることを指摘しておきたい。なお,教育に関しては第5章で,また,カウンセリング心理学についても第3章で紹介するので,ここでは,キャリアカウンセリングに話をもどす。

1950年代当時はまだ,キャリアカウンセリングという用語はほとんど用いられてはいなかった。キャリアカウンセリングの発展に大きな貢献をしたスーパーですら,その歴史的論文の題名を「職業指導からカウンセリング心理学への移行」としており,キャリアカウンセリングという言葉は用いていなかったのである。アメリカの学会および関係機関で,「職業カウンセリング」をやめて「キャリアカウンセリング」に変えたのは1960年代末から70年代にかけてである。そして現在では両者は併存していない。したがって,1950年代にキャリアカウンセリングという言葉が生まれたのではない。ただ,歴史を振り返ったとき,現在のキャリアカウンセリングの概念的種子が,カウンセリング心理学の誕生によって芽生えたとみることができるのである。

それでは,カウンセリング心理学への移行によって,20世紀前半と後半で,職業カウンセリングの定義にどのような変化が起きたのであろうか。それは,簡単にいえば,「個人の特性と職業の必要要件とのマッチング」を「個人の意思決定過程の一行為として位置づける」ことで,職業カウンセリングを心理的援助過程として発展させたことにあるといえよう。たとえば,1951年にスーパーは,全米職業指導協会が1937年に提示した職業指導の定義の改訂を勧告した(ちなみに前半の50年では,カウンセリングとガイダンス(職業指

導）は同意語として用いられることが多かった）。1937年時点で，職業指導（職業カウンセリング）の定義とは，「一つの職業を選び，それに向かう準備をし，その生活に入り，かつその生活において進歩するように，個人を援助する過程である」(Super, 1951)であった。スーパーはこれを改訂し，以下のように職業指導を捉えるべきであると提案した。すなわち，

　　個人が自分自身と職業の世界における自分の役割について，統合され，かつ妥当な映像を発展させ，また受容すること；この概念を現実に照らして吟味すること，および自分自身にとっても満足であり，社会にとっても有益であるように自己概念を現実に転ずることを援助する過程である。(1957, p.197)

　前者の定義と比べると，スーパーがいかに劇的変換を求めているかが明らかであろう。もはや職業と個人との単純な結合がその役割ではないのである。個人の職業選択行動のもつ心理学的本質を強調し，選択過程における心理的次元と職業的次元を融合させたのである。別の言い方をすれば，スーパーはこの定義をとおして，労働市場の知識と職業的発達の心理学とを結びつけながら，キャリア行動の理論，つまりキャリア心理学の必要性を際立たせたのである。その証拠に，スーパーは選択の主体である個人の自己概念，自己理解，自己受容，好みや価値観に焦点を当てることで，個人は多様な選択肢を見つけることができることを主張しているのである。

　スーパーによって，職業カウンセリング・職業指導の援助過程の焦点は，「どれを選ぶか（たとえば，職業，学校，専攻など）」から，「選択をする個人」へと移行したのである。個人の行動としての選択に焦点が当てられることにより，選択行動に関する心理学的研究が促進されると同時に，今まで職業問題にほとんど関心のなかった心

理学の領域の人々も，人間行動の一部としての職業行動に焦点を当てだし，職業と個人の特徴の一致に関する研究のみならず，選択や教育訓練を促進する態度的，認知的，情動的，社会的要因と，阻害する諸要因の研究など，職業（キャリア）行動についての幅広い研究が展開され理論が構築されるようになった。そのうちの主な理論については第3章で紹介する。ここでは，20世紀後半のキャリアカウンセリングの概念の発展とその方向性に直接的影響を与えたスーパーに関して簡単に触れておきたい。スーパーの研究は，カウンセリングとガイダンスの概念モデルを「マッチングモデル」から「発達的モデル」へと移行させる最も強力な索引力となったからである。スーパーのアプローチは「個人は生涯をとおしてさまざまな段階で，形や内容は異なるが，たえず将来を計画し意思決定するという課題と直面する者である」という人間観に立っている。したがって，職業カウンセリングは，実際の進路選択や，転職時点，能力開発や将来計画作りとその準備，可能なキャリアパスへの準備，職場の人間関係などさまざまな課題の解決を援助するだけでなく，その援助過程をとおして，その先の選択時点で必要となる知識や態度，スキルを体系的に学習できるとすることも含めているのである。

社会構造の変化のなかで，日本でも最近個人の自己管理，自己決定の責任が強調されだした。しかし，こうした責任を担えるようになるには，そのために必要な能力と態度を各人が習得していることが前提となる。こういう準備は，日本ではあまり重視されてこなかったので，準備不足の成人が少なくない。そこで，新しい社会の動きにあわせていくためにはどうしたらよいかが話題になっている。その答えは，キャリアカウンセリングの動向をみることによって見出せるかもしれない。つまり，カウンセリングの概念を当てはめると，自分のキャリアを自分で管理でき，かつ，人生のいくつかの移行期で経験する選択場面で効果的に意思決定できるようになるため

には、自己理解能力と意思決定能力を発達させることが不可欠である、ということになる。なぜなら、個々のクライエントが、目の前の具体的な問題を解決する過程で、自己理解を深め、意思決定する力をつけていけるように援助するのが、カウンセラー独自の機能の仕方だからである。最近、いろいろな国々でキャリアカウンセラーへの期待が高まってきているのは、単に不適応行動を治療できるとか心のケアができるからではない（これらは他の専門家でもできる）。また、職業問題を中心としているからだけでもない。むしろ、個々人が自己決定・自己選択していく力を習得し、主体的に生きられるようになることを要求する方向に現代社会が動いているなかで、キャリアカウンセラーは、まさに個人がそうした能力を身につけて主体的に生きる力を育てることを活動の目標として働き、かつ、そのための援助手段をもっているからではないかと考えられる。

20世紀後半のキャリアカウンセリングの歴史において、カウンセリング心理学の誕生が画期的な出来事であることは上述したとおりである。次に取り上げなければならないことは、まさに、「職業カウンセリングからキャリアカウンセリングへの移行」である。日本においては、両者の関係が必ずしも十分に理解されているとは言いがたい現状である。そこで、ここでは、アメリカ社会における職業カウンセリング（vocational counseling）からキャリアカウンセリング（career counseling）への移行を歴史的に概観してみたい。

職業カウンセリングとか職業指導（ガイダンス）という古典的な用語は1960年代から1970年代にかけて、徐々にキャリアカウンセリング、キャリアガイダンスに置き換えられていった。これは単に呼称を変えたというのではない。現場のキャリアカウンセラーたちが従来の「マッチングモデル」ではなく、「発達的・キャリアモデル」に立った活動をするようになっていったことを意味する。キャリアカウンセリングの発達は、職業行動についての研究や理論の発

展が土台にあることは確かであるが,経済的発展とその結果もたらされた産業界と労働環境の変化と直接深く関係しているのである。

ちなみに,日本には第二次大戦後,中等学校の教育活動の一部および公共職業安定所の活動として導入された。当時,vocational counseling & guidanceは職業相談と職業指導と訳された。vocationalに「職業」という日本語を当てはめたため,就職相談というイメージが強く,現場では個人と就職先との結合を図ることを目的とする支援と解された。この言葉は学校においても公共職業安定所においても同じような意味で用いられた。しかし中等学校教育の場合,昭和30年代に入ると高校進学者が増大し,33年には義務教育修了者の53パーセントが高校進学するようになったため,就職希望者を対象とする相談・指導と限定して受け取られがちな職業指導という言葉に替えて,進学指導の意味をも含みうる「進路相談・進路指導」という用語が用いられるようになった(澤田,1984)。ちなみに日本の職業指導の歴史は,大正4年(1915年)に鈴木久蔵がアメリカのvocational guidanceを「職業案内」と訳して紹介したころにさかのぼることができるが,本書は歴史をひもとくことが目的ではないので,キャリアカウンセリングに関係することのみにとどめたい。日本でキャリアカウンセリングという用語を積極的に使用しだしたのは産業界なのではないかと推察する。学校教育および職業安定行政でこの用語を使いだしたのは1990年代後半に入ってからである。

アメリカにおいてキャリアカウンセリングという用語への移行が起きた1970年代の時代背景は,19世紀末に職業カウンセリングが生まれた時と非常に類似しているといわれる。つまり,19世紀から20世紀にかけて職業カウンセリングが生まれた時期は,アメリカをはじめ多くの国々で農業経済から工業経済への転換が始まったときである。そしてキャリアカウンセリングへの移行が起きた1970年代は,工業経済から情報を基盤とした経済への転換が起こった時期で

ある。もはや，各国の経済問題は，自国の中の問題ではなくなり，相互依存的な世界経済へとグローバル化しだした時期である。情報技術（IT）革命の影響は単に職業構造や産業構造の変化にとどまらず，個々人の働き方から生活様式，さらには思考形態や価値観，人生そのものに影響を与えだしていることはここであえて指摘するまでもないことである。なおこのIT革命は始まったばかりとも言われており，21世紀がどのような世界になるかは想像しがたい部分がたくさんあることは多くの専門家が指摘していることである。

19世紀末の経済的変化は，学校から職業界に初めて入る若者に一番大きな衝撃を与えたし，また，多くの若者が雇用労働者としての第一世代でもあったため，新しい時代の職業人のモデルがないまま職業界に入らざるをえなかった。そうした準備不足が職場不適応から精神的問題をひき起す原因ともなったのである。このことは，産業界にとっても損失が大きかった。そのような背景のなかに生まれた職業カウンセリングが，これからの産業界に生き，それを支える若者をターゲットとしたのは当然のことである。1970年以降の経済変化も同じように若者を襲った。そのためにアメリカでは，1971年にキャリア教育という新たな教育施策が提示され，その後改めてキャリアガイダンスが見直され，さらには1994年には「学校＝職業移行機会法」が成立して，学校から職業への移行を援助する活動が三たび脚光を浴びることとなった。しかし他方で，100年前と異なるのは，20世紀末は，職業生活上，職業行動上で大きな変化を要求されたのが若者だけではなかったということである。すでに雇用労働者として第一線で働いてきた成人もターゲットになったということである。また，当時のアメリカでは工業経済の成熟と市民権運動や差別撤廃などの社会運動の影響を受けて，女性，高齢者，障害をもつ人を含め，成人の雇用労働者が多様化していたのである。

若者の場合は，学生から職業人になるという主要な役割の転換，

言い換えれば,慣れ親しんだ学生生活から未経験の職業生活に入ることが大きな課題である。経済の安定期なら,若者は大人のモデルをとおして職業人の生活や将来像について情報を得ることができた。しかし,経済の移行期においては,本来なら職業生活のモデルを提示できるはずの成人職業人たちが自分たち自身の新たな職業生活の構築に四苦八苦しているので,若者のモデルにはなりえないという新たな問題にも直面しなければならなかった。他方,職業人としての生活が永い成人は,その職業生活を中心に,あるいは職業生活と両立させる形で,自分の家庭生活,プライベート生活などを構築してきた。しかし,情報経済,IT革命の到来は,慣れ親しんだ職業生活,職業行動はもちろんのこと,それと連動している生活の諸側面,さらには将来生活のあり方に関しても予期せぬ変更をせまられたのである。アメリカが20世紀末の経済の復興を果たせたのは企業の大胆なリストラクチャーリングによるところが大きいといわれる。不況下で人員整理を始め,組織構造の変更にとりかかった企業は,「選ばれて残った人々は自信を深め,ますます意欲と忠誠心が高まるだろうから,企業の建て直しには限られた数の優秀な従業員を確保することが懸命だ」という仮説に立ったところが多かったそうである。しかし,当時カウンセラーの助けを求めたのは解雇された人々ではなく,残留できた人々の方がはるかに多く,中でも中年期の中間管理職が目立ったといわれる。カウンセラーのところにきて訴えたことは,「今回は残れたが,自分もいつ解雇されるかわからないという不安で夜も眠れない」とか,「やめるにやめられない。思い切って解雇された方がさっぱりするが,将来のことを考えると失業はできない」「解雇された同僚の姿を見ると,将来の自分の姿がかさなってきて,仕事が手につかない」「自分の将来はどうなるのかと思うと,今から何かしなければと焦る」などという,心理的,精神的な苦しみであったという。企業側は,人員整理が有能な従業員にこのような

不安を与えるとは考えも及ばなかったようである。

このように,キャリアカウンセリングの発達は経済状況のみならず社会的,政治的変化と切り離せないことは明らかである。しかし,キャリアカウンセリングが実際に関与するのは「個人の行動」であり,その内容は個人が経験する葛藤やジレンマ,解決しなければならない問題によって規定される。そして今日では,その個人の行動や葛藤は,外的環境で起きた出来事が引き金となって生起するものである,という「個人と環境との相互作用」に焦点を当てた心理学的アプローチがキャリアカウンセリングの主流となっている。人々がキャリアカウンセラーのもとを訪れる目的は,選択上の問題,職場の業績・成果,対人関係,周囲の評判や名声の保持,主体的に生きたい希望と現状のギャップ,役割間の葛藤,仕事とプライベート生活との調和などの問題の解決策を得ることであろう。このような問題は,実は,個人が自己および職場や家庭,他者をどのように見るかによって,その様相は異なるのであり,結果としてカウンセリングのあり方も変わる。言い換えれば,キャリアカウンセリングの内容は個人が自分と自分の環境をどのように捉えているか,そして,自分および環境がどのようになることを願っているのか,そのようになる可能性についてどのように認識しているかによって異なってくるのである。もちろん,こうした個人の認知は,論理的,合理的である場合もあれば,感情的で非論理的である場合もある。個人の認知が現実的であろうが非論理的であろうが,その結果として個人が経験する不安,自信喪失,不決断などが,キャリアカウンセラーの関与する内容となってきている。さらに,このようなジレンマや葛藤は,うつ状態とか家庭内や職場での人間関係問題など,メンタルヘルス上の問題として表出されることが多い。そのため,職場でも家庭でもうつ状態や不適応状態への対処におわれる。もちろん,カウンセラーとして,メンタルヘルス上の問題の原因となるジレン

マや不安，葛藤をカウンセリングプロセスにおいて解決することは当然であるが，さらにもう一歩進めると，個人のキャリア発達を積極的に促すことで，個人がジレンマや葛藤の意味を捉えなおし，再構成する機会とすることもできるのである。「環境との相互作用」という側面から援助することをカウンセラーの独自性とする最近の動向を踏まえ，葛藤や不安，不適応などでカウンセラーに援助を求めて来たことを機会として，個人が環境に積極的に取り組めるような力と態度を発達させるようなカウンセラーの機能の仕方がますます強調されるようになってきている。

3 職業・キャリアカウンセリングの歴史を貫く核

　以上，アメリカにおけるキャリアカウンセリングの歴史を概観してきた。名称を変え，対象者を広げ，活動の内容も変化してきたことは明らかである。したがって，日本のようにキャリアカウンセリングの概念と定義，その具体的方法や技法，さらに最近ではキャリアカウンセラーの教育プログラムまでをアメリカから輸入している国では，足元にある落とし穴に気をつけなければならないであろう。その落とし穴とは，これまで述べてきたように，「アメリカのキャリアカウンセリングが環境の変化に積極的に対応しながら変遷し生きてきた」という現実を十分に認識せず，輸入者が「自分の接したキャリアカウンセリングがアメリカのキャリアカウンセリングのすべてである」と独りよがりに解釈することである。つまり，本来相互に関連しているものをばらばらに輸入していることに気づかず，一部分をすべてであると思い込んでしまい，その結果混乱を生むという危険に陥りやすいということである。どの時点で，どのような状況でアメリカのキャリアカウンセリングに接したかによって，キャ

リアカウンセリングのイメージは異なるからである。

しかし、一方で、アメリカの職業・キャリアカウンセリングの100年間の歴史をとおして一貫して変わらない基礎があることも事実である。カウンセラーの活動モデルや具体的な機能が変化してきたのは、外的圧力や理論の影響ではなく、その不変の核を守るためであったといえるかもしれない。

不変の核の第一は、「個人には基本的に選択の自由と選択の責任がある」という理念である。これはまさに基本的人権の一部であるので、改めて強調する必要はないと思われるかもしれない。こうした基本的人権は法律で保障されているといわれるが、法律は最低限の保障である。実際に基本的人権がより広く個人と社会で守られるためには、個々人がその権利を行使し責任を果たすに必要な能力と知識を備える必要がある。つまり、選択の自由は補償されても、実際に主体的に選択したと思えるためには、自分で選択するのに必要な能力を個人がそなえていなければならないと考える。法律で保障されたうえで、より自由に選択できるかどうかは個人の準備にかかっている。もちろん、カウンセラーも完璧な選択の自由などありえないことは承知している。要は、すべての人の「選択の自由」をできる限り拡大することを目指しているのである。少なくとも、個人の努力ではどうしようもできない要因（たとえば、親の職業や生き方、家族の守る価値観、生まれ育った地域、国の経済状況、大学入試制度、求人の数や内容など）のために個人の選択の自由が奪われることをできる限り少なくし、できればそのようなことが起きないようにしたい。そのためには、個々人が自分の選択の自由を狭める要因を取り除けるようになり、選択力を発達させることである。そういう価値観が職業カウンセリングを生み、発展させたのである。

社会の変化は全体として、どの国においても個人の人権を擁護し選択の自由を広げる方向性に向かっている。しかし他方で、社会の

変化の速さと多様性は、選択能力をもつ者ともたない者との間で、基本的人権が保障される程度に差をつくる結果ともなる。情報があふれている現状において、必ずしも全ての人が情報を効果的に用いて自分の価値を実現できているとはいえない。むしろ逆である。情報を検討し吟味する力がないと、特定の情報、特定の人や言葉を全面的に受け入れてしまったり、多様な情報に接することで自分が動揺してしまうのが恐ろしくて情報を遮断することも起こっている。社会の方向性と個人の現実とは同じ水準では進んでいないのである。

第二の核は、キャリアカウンセラーはもともと「個人は社会の中で成長し、社会との相互作用なしには存在しえない者」という価値観に立っている。そのために、「個人が真に選択の自由と責任を果たせるようになること」を目指すカウンセラーは社会の変化に敏感なのであり、環境の変化に対応した活動をするのである。社会に迎合するのも、社会と対立して、社会の変化を拒絶するのも社会の影響を一方的に受けるという意味で心理的には同じ受動的態度なのである。真に個人の幸福を考えた場合、社会と個人の両方の変化を促しながら両者にとって最良の妥協点を見つけることが現実的な援助の道であると考えているのがカウンセラーである。

第三の核は「未来志向」ということである。カウンセラーは現実的であるとともに楽観的でもあるといわれる。その理由は「未来を信じる」からである。未来があることは不安の種でもあるが、逆に、未来があるから完璧な今を求めないでもすむのである。意思決定は、ある意味で賭けである。「万が一予想と違っても未来がある。今どのように意思決定したかを認識していれば、予想との違いにも気づき、対処ができる。だから、今できる最善のことをしよう（選ぼう）」と楽観的にもなれるのである。

最後にもう一つ指摘したいことは、キャリアカウンセリングは「人間は一人ひとり独自でユニークな存在である」という人間観に立

っているということである。職業情報や心理テストを用いたり，両者のマッチングを目指す，その背景には「個の尊重」がある。また，社会・経済的環境の変化とともに「マッチングモデル」から「キャリアモデル」へと概念モデルを転換させたのも，個を尊重するからである。また，技術革新が進むなかで，対話を手段とするカウンセリングプロセスの重要性が叫ばれるのも，ユニークな存在としての個人を尊重するからである。

4 キャリアカウンセリングをめぐる最近の動向

キャリアカウンセラーの具体的な活動や機能に移る前に，アメリカにおける最近のキャリアカウンセリングの傾向をここに整理しておきたい。すでに述べたように，アメリカ社会においても，「キャリアカウンセリング」に関する関連学会や研究者の主張することが十分に理解され，受け入れられているわけではない。したがってアメリカの情報に強く影響を受ける日本社会で混乱が起きるのもやむをえない。多様な意味で用いられていることは事実である。しかし共通点もある。そこで，最近の傾向のなかにみられる共通点を次の5点に要約してみた（Herr, 1997；渡辺とハー, 1998）。

①キャリアカウンセリングの捉え方に違いがあっても，「カウンセリングは個人が『外的環境との相互作用』のなかで体験することすべてを対象としていること，つまり，認知，能力，動機，ワーク・パーソナリティ，葛藤，そして情報不足や情報過多などを対象としている」ということでは共通している。

具体的にいうと，キャリアカウンセリングのプロセスで共通して行なわれることは，クライエントが「親や教師，雇用主，さらにはマスメディアなどをとおして伝達された社会的望ましさや社会的評

価の高いと思われる行動様式，能力，業績，学歴，さらには職業などについての自分の捉え方，また，利用できる情報源や支援手段に対する自分の評価の仕方を明確化し，吟味，検討し，その結果に基づいて行動するようにする」ことを目指すという点である。

キャリアカウンセリングに共通する「環境との相互作用のなかで体験していること」とは，サビカス（Savickas, 1995）の表現を借りれば，「個人は，常に具体的なあるコミュニティの中に置かれているのであり，自分自身を見出す状況と関連づけて行動したり感じたりするものである」ということであり，それは個人の内的・心理的経験に焦点を当てるということでもある。別の言い方をすれば，人は真空地帯に生きているのではなく，たえず環境と（複数の環境と同時に）相互作用しながら生きているという側面を重視する理念（Happner et al., 2000）が，キャリアカウンセリングを行なう者には共通しているということである。

②キャリアカウンセリングは「『プロセス』であるが，そのプロセスは単一ではない」という認識でも共通している。

キャリアカウンセリングは個別カウンセリング，グループカウンセリングのどちらでも行なわれうる。また，キャリアカウンセリングはカウンセラーによる「種々の直接的介入行動を統合する体系」を意味する言葉としても使われている。

③キャリアカウンセリングは，もはや，「青年に，初職の賢明な選択を保障することを第一義的目的とするプロセスとは捉えられていない」ことでも共通している。

青年の職業・進路選択への援助が重要な役割の一つであることは今でもかわりないが，それ以上に重要なことは，彼等をキャリア発達の視点から援助することである。言い換えれば，キャリアカウンセリングは，キャリア発達の過程において援助を必要とする人々すべてを対象としているということであり，青年もその一部として位

置づけるのである。

　事実,国際化,技術革新が進展し,各国の経済的変化の方向が予想できないという外的環境のなかにあって,キャリアカウンセリングが生涯にわたって価値ある援助過程であるという認識は急速に高まっている。つまり,個人が遭遇する職業上の問題や課題,ジレンマや葛藤の内容は発達段階によって変化するが,減少することはないであろうということが共通認識となりだしているということである。

　④キャリアカウンセリングは「選択行動への望ましい介入行動である」という共通認識がある。しかしまた,個人が解決しようとしているキャリア問題は,個人のもつそれ以外のいくつもの問題と複雑に絡み合っていることも現実である。キャリア問題には情緒的あるいは行動上の問題(例:うつ状態,対人拒否,過激な攻撃的行動など),身体的健康問題が付随していることが多く,その場合には,キャリアカウンセリングの他に,キャリアガイダンス,諸訓練(職業能力,キャリア発達,ソーシャルスキルなど多様な訓練を含む),経済的助成,心理的サポート,医療的支援,情報の確保などを含む総合的な介入プログラムが必要となる,という認識でも共通している。

　⑤個人のキャリア問題が複雑化する一方であるという現状認識を反映して,キャリアカウンセリングを「一連の介入プロセス」と捉える考え方が最も現実に適しているであろう,という知見で共通している。

　一連のプロセスとは,「自己の気づきと職業への気づき」を促すことから始まって,可能性の探索,キャリア計画,スキルの学習,ストレスや怒りの感情への対処,さらに不決断や職業不適応のような問題の解決など,「キャリアカウンセリングとパーソナルカウンセリングを融合させることによって,問題の解決にまで続くプロセス」という見解である。

第3章

キャリアカウンセラーの理論的背景

　第2章で見てきた歴史的変遷からも明らかなように，キャリアカウンセリングは，アメリカの社会・経済環境の変化を背景としながら，他方で，差異心理学，発達心理学，臨床心理学，社会学，経済学など多くの学問領域から大きな影響を受けて，発展してきたことは事実である。しかし，一つの専門職として，独自性を発揮して個人と社会に貢献するキャリアカウンセリングを支えているのは，文字どおり，「カウンセリング心理学」と「職業心理学あるいはキャリア行動の心理学」の2領域である。これらの両領域は，一人ひとりのキャリアカウンセラーの内面で融合されている。その融合は，個々のカウンセラーの，「自分のアプローチ」という姿で表現され，カウンセラーとして機能するときの具体的な行動に反映されるので，両者を分けるのは実際には困難である。しかし，あえて言うならば，

キャリア心理学は，カウンセラーに，対象者のキャリア行動への理解を深め，援助方針と援助結果を評価するための基礎を提供する。他方，カウンセリング心理学は，クライエント（あるいは対象となる人々）に直接働きかけるためのカウンセラーの援助方針，カウンセリングの構成のしかた，そして介入行動を支える理論的枠組みを提供するといえるであろう。ここでは，それぞれの領域の主な理論やアプローチを簡単に紹介したい。

1　キャリア行動に関する心理学

アメリカでは，キャリア行動の研究は，心理学の一領域として独立して，職業心理学あるいはキャリア心理学という名称で認知されている。クライツ（1965）は，その著「Vocational Psychology」のなかで，「職業心理学は，職業的行動および職業的発達に関する研究領域と定義できる」（p.16）と述べている。職業心理学は職業ガイダンスをルーツとして生まれ，カウンセリング心理学とともに育ってきた（Crites, 1965）といわれている。しかし，今ではカウンセリングとは独立して，キャリア行動全般（キャリア選択，適応，意思決定，労働観，キャリアパスと生涯発達など）を研究する一分野を形成している。

キャリアカウンセラーは，カウンセラーとして「個々人がユニークな存在であることを受け入れながらも，最終的には個々人が自分の内のキャリア問題を明確化し，それに焦点を当てて取り組むのを援助することにとどまる」という限界を設けてカウンセリングをしなければならないのである。そのために，キャリアカウンセラーは「働くことおよびその他の生活上の役割に関わる個人の態度，関心，価値観などに影響を与える要因はいったい何なのか」，「それらの要

因は個人の意思決定にどのように影響するのか」を考察するのに役立つ理論を学習しなければならない。

　ちなみに、ここで「キャリア」という言葉の概念について再確認しておく必要があるであろう。「キャリア」は「職業（occupation）」あるいは「職務（job）」と混同して使われ、時として同意語として扱われることもあるが、それぞれの言葉が意味する内容は決して同じではない、ということである。キャリアに「職業経歴」という日本語を当てはめている場合は、職業との区別とともに、「時間的経過や積み重ね」という意味が内包されていることも明瞭である。しかし最近のように、キャリアというカタカナ書きが用いられるようになってから、かえって不明瞭になった部分が多いように思われる。

　キャリアの概念については本書の第1章で紹介しているので、ここではポイントだけ確認しておきたい。すなわち、職業とキャリアとの大きな違いは、前者は、それに携わる個人からは独立して存在するのに対して、キャリアは、それを行動する（生きる）個人から独立しては存在しえないということである。つまり、職業は、それに雇用されている人がいるかどうかに関係なく、工場にも、オフィスにも、企業の中にも存在するし、「○○職とは……」であると、客観的に描写することができる。しかし、キャリアはそれぞれの人が作り出すものであるので、その個人と切り離してキャリアを描写することはできない。クライツ（Crites, 1965）の言葉を借りれば、職業は、人が選ぶことのできる対象物であるが、キャリアは、人が、特定の職業や職場、生き方を選ぶことによって、時間をかけて作り上げるものである。したがって、人は、職業を選別することはできるが、キャリアを選別することはできないのである。

　キャリアの意味するところをこのように捉えると、キャリアは個々人にとってユニークなものであり、人が何かを選び、同時に何を選ばないかによって作り出されるものであることを意味している

ことが明らかとなるであろう。別の言い方をすれば、キャリアという言葉は、職務も職業も、さらに、職業人としての役割と家庭人や地域の一員としての役割、希望するライフスタイルなどをも包含し、さらに、個人が時間的経過のなかで時々に行なう意思決定によってつなぎ合わされていくことを意味する包括的な言葉である。著者らはしつこいくらいに「キャリアの概念」の明確化に固執したが、キャリアカウンセリングおよびキャリアカウンセラーの独自な働き方を認識するためには、キャリアの概念をおろそかにすることは許されないと思われたからである。

2 キャリア行動の理論

　人間の行動の学問である心理学に多数の理論が存在するように、キャリア行動に関しても多くの理論があり、分類の仕方もいろいろある。もっとも単純な分け方は、個人間及び個人内での差異の焦点を当てる差異心理学的な理論群と、個人の行動の発達的側面に注目する発達的アプローチとの2極化である。前者は、個々人の相違はどのようにして測定でき、それらをどのようにして数量で表し、具体的な職業の形態として表現できるか、ということに焦点を当てる。それに対して、発達的アプローチというのは、全人的発達の一側面として職業と関係する行動の発達を重視する。つまり個人間の相違や個人の特徴はどのようにして発達し、生涯をとおしてどのように変化するのか、またそのような変化をもたらす要因は何かという側面に焦点を当てる。たくさんあるキャリア理論を差異的か発達的かで分類するのは少々乱暴すぎるので、ここでは特性因子論的、意思決定論的、状況・社会学的、パーソナリティ論的、および発達論的アプローチに分けてそれぞれの特徴を比較してみたい。

なお，本書では，関連の既存の理論を詳細に解説することはしない。それはキャリア心理学の書にゆだねたい。ここでは，キャリアカウンセラーに最低限必要な理論的知識を整理し，さらにキャリア行動の理解を深めるという目的にとどめることとしたい。

そこで，著者らは，キャリア行動へのアプローチとか人間観において共通する理論をまとめて五つの群のアプローチに分類してみた。ここで同じアプローチに分類された理論でも，視点をかえれば別のカテゴリィに分けることができるのは当然のことである。

(1) 特性因子論的アプローチ

すでにたびたび紹介したように，キャリアカウンセラーにはもっともなじみのあるアプローチである。このアプローチは，個人間の相違をもたらす要因を見つけだし，それらの要因が学習や職務遂行にあたってどの程度重要であるかを明確にすることに焦点を当てるのであって，キャリア行動の発達そのものには関与していない。

このアプローチは，「個人のワーク・パーソナリティは，特性，適性能力，興味，価値観，精神運動能力，気質などの，外部から観察でき，測定可能な要因の集まりである」という論理に立っている。その論理から，キャリアカウンセラーになじみのあるいくつもの仮定が導き出されている。たとえば，そのような要因の集まりは類型化でき，その類型は個人によってかなりユニークであるという仮定とか，個人が自分の個人的特徴を理解しているなら，自分にとっての重要度でそれらに順位をつけることができ，それが選択の基準となりうるという仮定などである。

さらに，職業選択という行動について，特性因子論的アプローチは，心理的で情動的な行動と捉えるよりも，基本的には，意識的で認知的なものと仮定している。したがって，職務遂行や学習に必要な能力・特性と個人の特徴のそれぞれを同じ言葉で説明し，しかも

正確な情報があれば、個人は、自分と職業は学習の中身を組み合わすことができ、その結果迷わず選択できると考える。そして、個人の特徴と職業や学習に必要な条件との間の一致が高ければ高いほど人はそれによく適応し、成功する可能性も高いことが予測できると考える。

ご存じのように、キャリアカウンセリングのルーツであるパーソンズが提唱した職業相談はこのアプローチと同じであり、今日でも日本で行なわれているキャリアカウンセリング、キャリアガイダンス、さらに雇用管理体制の理論的裏付けとなっていることは確かである。ちなみに、日本では最近キャリアカウンセリングや能力開発用の心理テストや職業情報の開発が盛んに行なわれているが、このことはその証拠といえよう。また、たとえコンピュータを用いようと、キャリア発達という名称を用いようと、個人および職業や学習内容を特性の集まりと考え、かつそれらの特性を客観的に観察（あるいは評価）できると想定する限り、そのアプローチが特性因子論に立っていると認識する必要がある。事実、個人には得手不得手があり、他方個人が携わる活動（仕事、職業、学習など）の遂行にも必要な能力や条件があるので、両者の間での諸条件の一致が、両者にとって望ましいことは納得のいくことである。

しかし、同時にいくつかの限界も指摘されている。なかでも、キャリアカウンセラーが特に留意しなければならないことは、「客観的に把握できる個人と職業などの活動との要件のマッチングということは、個人が選択の主体者としてその選択の過程に積極的に関与しない限り、決定論に陥りやすい」ということである。たとえば、最近日本社会で流行している自己実現を志向する若者を考えてみると明らかであろう。彼らは「自分に適した仕事がどこかにあるはずだ」とか「自分の個性にマッチした仕事につくことが望ましい職業選択なのだ」と信じ、「自分に適した仕事を教えてほしい」、「適性検査を

受けたい」と言う。このことは一見自己実現的であるが，実はその態度はまさに決定論的である。つまり，自分の個性と同様，自分にはすでに適した職業，進むべき進路や生き方が決められているので，自分はただそれを探せば安心できるという姿勢である。これは決して選択への主体的な取り組みではないのである。また，周りの人の見方や心理テストの結果，成績などの客観的データから見てベストマッチしていることであっても，実際それに携わる人自身がそう捉えないことはよくあることである。その場合，客観的にベストマッチしてるかどうかではなく，その人が何を重視してどのように選択しているかが問題なのである。さらに，ベストマッチの仕事であるとわかっていても，その仕事を成功裏に遂行でき，満足できる結果を上げられるとは限らない。

このような限界と危険性を秘めているアプローチではあるが，キャリアカウンセラーにとっては今でも価値のあるアプローチであることに違いはない。特に，情報源の多様化が進み，個人を取りまく社会の諸側面の変化が激しい現状において，特性因子論が啓発した職業や教育・訓練，労働界についての情報的基盤は，キャリア行動に非常に大きな影響を与えることも事実である。その意味で，キャリアカウンセラーにとってのこのアプローチの価値が見直されている。しかし，現在評価されている特性因子論モデルは「人と環境」モデルである。チャートランド（Chartrand, 1991）は，従来の特性因子論と現在のそれとを統合した，「人と環境との適合」アプローチの特徴を次のように要約している。

　　第1は，「人は，合理的な意思決定ができる力を秘めている」という人間観。……これは，意思決定過程のもつ情緒的側面を無視できるという意味ではない。
　　第2は，人も働く環境もそれぞれユニークな特徴をもつ。…

このことは,「それぞれの職業に働く人とタイプは決まっている」という意味ではない。

　第3は,個人の特徴と職業の特徴との一致度が高ければ高いほど,成功する可能性が高い。……これは,人および環境についての情報は,適応し満足する確率の高い環境はどのようなものかを知るのに役立ちうる,ということを意味する。(p.520)

「人と環境との適合」アプローチは,職業や専攻学科の代わりに,働く環境,活動する環境という言葉を使って新鮮味を出したということではない。環境とは「人の遂行する活動(職業)」以上の多くの要素から成り立っており,それらの多くの要素が仕事の遂行にも影響を与え,しかも広がりをもつ言葉である。たとえば,一言で事務職といっても,事務職の人が実際に働く業種,対象となる顧客,職場環境,勤務する企業の人事管理体制などによって,日々の具体的な仕事の内容も働く状況も異なるのである。事務職という仕事の内容と同様,これらの環境の違いが,実際に事務職に就いている人々の職業上の満足感や成功感に大きな影響を与えていることからも明らかであると思われる。

(2) 意思決定論的アプローチ

　意思決定論的アプローチのなかにもいろいろな理論がある。意思決定行動への関心は,経済学を基盤として始まったが,最近では,数学的モデル,産業心理学的モデル,動機づけモデルなどを応用して,意思決定過程にアプローチするいろいろな理論が提唱されている。強調点やモデルはその理論によって違いはあるが,共通点をもあげることができる。その共通点とは,まず第一は,個人の特徴や職業・学習の必要要件よりも,意思決定をする過程,つまり「人々が選択していく過程」に関与していこうとすることである。第二の

共通点は，個人が仕事に対していだくさまざまな期待があるが，これらの期待が個人のなかで相互に作用していくことの重要性を強調していることである。さらに，期待できる仕事で「何が達成できると考えるか」が職業選択の鍵となることを仮定していることである。第三は，個人のもっている信念や自己効力感（Bandura, 1977）の重要性を強調し，それらを動機づけと選択行動の主要な原動力と捉えていることなど，である。なお，具体的な理論の内容については別の書を参考にされたい。

ここでは，意思決定過程に焦点を当てるこの立場が，キャリア行動の理解にどのような貢献をしてきたかに焦点を当てて要約しておきたい。

まず第一は，動機づけと意思決定行動がそれぞれどのように発達し，かつ相互にどのように影響しているかが，職業選択過程を理解するのに役に立つことである。たとえば，多くの意思決定理論では，人は利益を最大にし損失を最小限にすることを行動規準とするという仮定に立っている。ここでいう利益とか損失とは，経済的なものとは限らない。個人の価値観によってその内容は異なるし，程度も異なる。

第二は，「個人にはいくつもの可能な『選択肢』が存在するので，その中から一つを選択して，行動化しなければならない」という理念である。それぞれの選択肢は特定の職業を意味しない。それぞれの選択肢は一連の行動の流れと解すべきもので，その流れの中でいろいろな出来事が起こる。そしてそれぞれの出来事の起こり方は予測どおりの場合もあれば異なる場合もあり，またそれぞれの出来事に対する個人の価値も異なるし，個人が一つの出来事に対して同時に複数の価値づけをすることができることもある。

第三は，「人は，それぞれの選択肢を選んだ場合，期待できる結果と同時に，危険性と不確実性をもともに予測することによって，よ

り合理的に選択することができる」という仮定である。特性因子論との違いは，意思決定が大方の場合，心理テストや専門家などの意見で行なわれるのではなく，非常に主観的なもの，すなわち，それぞれの出来事や選択肢を個人がどのように知覚するかに依拠して行なわれるという理念に立っているということである。ということは，個人の所有する情報の正確性と適時性，および個人の情報の使い方の両方が意思決定の結果に影響するであろうということはカウンセラーにとって重要な情報であるといえよう。

ジェラット（Gelatt, 1962）は，意思決定者にとって情報は不可欠の燃料みたいなものであると評し，1962年に，予測システム（選択可能な行動，その結果と確率を決定する）と価値システム（結果の望ましさを決定する），決定基準システム（適切な行為の選択に導く）の3つの要素からなる意思決定過程モデルを構築した。しかし，1989年にこのモデルを修正し，合理的，客観的意思決定重視の観点を後退させ，逆に「積極的不確実性」の概念を導入した。修正モデルに関して，彼は次のように述べている。

> 以前のモデルを解体して，新たなモデルを構築したわけではない……。今，意思決定やカウンセリングに必要なことは，クライエントが変化とあいまいさに対処し，不確実性と一貫性欠如を受け入れ，思考と選択という行動のもつ非合理的・直感的側面を活用できるように援助する枠組みなのである。(p.252)

選択時点に立ったとき，個人が，自分の行為とその結果をどのように解釈するかは，その人の「リスク・テーキングの仕方」と「投資」という2種類の概念が関与するといわれている。「リスク・テーキングの仕方」とは，言い換えれば，行動の成果のあいまいさ，不確実性にどのように対処しようとするかということであり，それは

個人によって異なるのである。「石橋をたたいて渡る人」とか「たたいても渡らない人」とか「考えてから行動する人」「行動してから考える人」などと巷でよく使われる表現はまさにこのことを指しているのであろう。もう一つの概念である「投資」とは，選択過程において，時間やお金，心理的負担や社会的地位や名誉などをどの程度投入し，どのような満足をえようとするか，言い換えれば，個人が何に価値を多く置くか，ということである。これにも個人差がある。

これらの意思決定理論は選択過程のパラダイムを多数誕生させ，キャリアガイダンスや雇用者支援プログラムなどのキャリア支援に実践活動の枠組みとして役立ってきた。なかでも，クルンボルツとその同僚（Krumboltz, 1979 ; Mitchell & Krumboltz, 1984）が開発した意思決定パラダイムは有名である。実は，クルンボルツらのアプローチは，意思決定理論と状況・社会学的視点（次項で取り上げる）とを統合した，いわゆる社会的学習理論であり，「人は自分の環境との相互作用のなかで，長期にわたって積み重ねられた経験をとおして自分の好み（preference）を学習する」（1994, p.17）ことを強調している。もう少し具体的にいうと，彼らのアプローチでは，4種類の要因がキャリア選択に影響すると仮定している。すなわち，影響要因とは，①基本的な生来の諸特質と特殊な能力（例，人種，性別，知的能力，特殊諸能力など）；②環境的諸条件と出来事（例，個人の成育した地理的特殊性，社会政策，家族の特徴，自然災害や事件，そして技術革新など）；③道具的・連合学習経験（例，モデリング，観察学習，道具的学習や強化学習を通して獲得したキャリアスキルなど）；および，④課題接近スキルである。さらに，これらの四つの影響要因は，①自己観察の一般化（学習した基準に照らして，自分および他人のパフォーマンスを評価するような言葉や態度として表出される），②課題接近スキルの形成（選択肢の拡大，結果予測，情報探索，計画，目標設定などのプロセスをとおして，環境と

取り組むスキル)，および，③行動化(具体的な職業や訓練に応募したり，専攻を変更することで，実際に行動を起こす)，という3段階の行動を導き出すと仮定している。

　クルンボルツらのアプローチをやや詳しく紹介したのは，実際に人々が意思決定や行動を改善するためのスキル(課題接近スキル)を具体的に説明した，という点で高く評価されているからである。彼らが提示したキャリア選択決定のためのスキルには次の七つが含まれる(1979)。

　①重要な意思決定場面をみきわめる
　②自分で現実的に対処できる課題を明らかにする
　③自己観察および環境観察の一般化について検討し，正確に評価する
　④選択肢のバラエテイをひろげる
　⑤それぞれの選択肢について必要の情報を収集する
　⑥もっとも信頼でき，正確で，適切な情報源を選択して決める
　⑦以上のような一連の意思決定行動を計画し，実行に移す
　　(p.39)などのスキルである。

　クルンボルツをはじめ，その他の意思決定論的アプローチは，キャリアカウンセラーにとって，意思決定過程の重要性についての理解を深めるのに役立っているだけではない。カウンセラーの実際の活動の中で，個人およびグループの意思決定過程を分析し，より効果的な意思決定行動を取れるように援助することにも大いに貢献してきた。言い換えれば，意思決定モデルは，カウンセラーたちにとって，キャリアカウンセリング，ガイダンス，キャリア教育，さらにはコンピュータ支援キャリアガイダンスシステムの創造，職業人の能力開発などにたづさわる時の理論的バックグラウンドとなり，それぞれの活動やプログラムの目標や趣旨を独自に考え出すのに役に立ってきたのである。

最後にもう一つ指摘しておきたいことは，意思決定論的アプローチが，単に決定過程の解明だけでなく，選択における個人の価値の重要性をカウンセラーに認識させたということである。職業選択・決定を，個人の特性と職業の要請する条件とを適合させることと単純に解釈する特性因-因子的アプローチとは異なり，意思決定論的アプローチは，自分の価値体系を基盤として，選択肢を比較検討し，勝算の見込みや優劣を積極的に評価する過程を意思決定として重視する。したがって，意思決定とは，自分自身の価値を確認し，明確化し，選択する対象にシステマティックに当てはめていく行動から成っていると考えるのである。

(3) 状況・社会学的アプローチ

アメリカのように個人主義と民主主義を理想とする国においては，「個人」をキャリア行動の核と仮定している。したがって，アメリカにおけるキャリアカウンセリングは，個人を行動の主体として認識し，キャリアの心理学的側面を決定要因としてみなしていることは暗黙裏に了解されている。しかし国や文化によっては，集団や家族との同調（コンフォーミティ），集団的意思決定，社会的規範や社会的階級制度，あるいは宗教によって，個人の行動が形成され，規定されていることも事実である。日本の場合はどうであろうか。理念的には前者であるが，具体的な個人の行動や世間の一般的考え方をみると，後者にかなり近いようにも思われる。

「人は，環境から隔離された真空地帯の中で生きるということはありえない」という現実に焦点を当ててキャリア行動を捉えているのが，状況・社会学的アプローチに分類される理論に共通した特徴である。その内容をもう少し具体的にみると，まず第一の特徴は，個人のキャリア行動やキャリアパターンの発達を，キャリアを選ぶ人とその人の属する環境（家族，地域社会，社会階層，人生の間に遭

遇する経済的・政治的出来事などの複数の外的要素）との相互作用の関数と捉える，ということである。つまり，このアプローチでは，個人のものの見方，考え方や判断基準は，その人の属する集団の価値によって直接的間接的に形成されるという側面を強調している。別の言い方をすれば，家族や学校，地域社会，職場，国などの社会構造は，個人のものの見方や知識の源となる「情報」を作り出すものでもあり，かつ，「情報」のフィルターともなっている。このことを個人の側からみると，キャリア行動の形成に影響する情報源や役割モデルは社会構造によって異なるということである。

　第二の特徴は，人は自分の知らないこと，準備の仕方のわからないこと，入手の仕方のわからないものを選ぶことはできないという事実を強調しているということである。つまり，知識の欠如，ゆがめられた知識，非現実的・非論理的信念が個人の意思決定や環境への適応を困難にする原因であることは事実であり，その特徴の意味しているところである。

　第三の特徴は，個人の行動は常にある文脈の中で起こるということを強調している点である。事実，文脈は，個人を鼓舞したり報いを与えることもあれば，逆に人を萎縮させたり，入手する情報を限定させたり，将来への希望を失わせることもある。

　状況・社会学的な視点に立ってキャリア行動を捉えるとき，キャリアカウンセラーは，いろいろな形態で，より正確でタイムリィな情報を提供することの重要性に気づくのである。なぜなら，そのような情報は，個人のキャリア行動の範囲を最大限に広げたり，キャリア問題の原因となる非論理的信念や低い自己価値観を修正する。同時に個人がその可能性を狭めたり自己効力感を弱化させるようなさまざまなステレオタイプの影響を受けないようにするのに情報が必要となるからである。

(4) パーソナリティ・アプローチ

　状況・社会学的アプローチは，集団が個人の行動を形成するメカニズムについて描写しているという意味で，マクロな視点からキャリア行動を見ているといえよう。それに対して，パーソナリティ・アプローチは，個人の心理的要因に焦点を当てているという意味で，ミクロな視点でキャリア行動を捉えているのである。

　パーソナリティ・アプローチに共通することは，個人のパーソナリティの根底にある欲求や動因を強調し，選択行為は意識的あるいは無意識的にそれらを満足させようとするものであるという理念に立っているということである。特性因子論においても，選択する者を動機づける要因に注目しているが，パーソナリティ・アプローチが強調する欲求や動因は直接観察することができず，推測される状態であるのに対して，特性因子論は直接観察が可能であり，測定できる行動側面に焦点を当てている点で異なる。

　キャリア行動へのパーソナリティ・アプローチの最も際立った特徴は，キャリア選択をパーソナリティの表現の一つとみなしていることである。さらに，パーソナリティ構造は人によって異なるので，それぞれ固有の欲求を発達させ，その欲求を充足させられる職業や進路を探すはずであること，言い換えれば，パーソナリティ・タイプや欲求の類型によって好む職業は異なるので，パーソナリティ・タイプや欲求を類型に分類し，それらを満足させる選択肢（職業類型）と対応させることができるという仮定に立っていることである。もちろん，パーソナリティ・タイプや欲求の発達の内容に関しては，パーソナリティ理論によって捉え方は異なる。たとえば，精神分析理論では，職業選択を人間の基本的な衝動の昇華として捉え，心理的発達過程の初期に未解決のまま残されている衝動を，社会的に認められるかたち（職業）で充足する現象と捉える。このような欲求類型とキャリア行動をさらに明確に対応させた理論はその他にいろ

いろある。

その他にも，マズロー（Maslow, A. H.）の欲求段階説を取り入れて職業行動を説明しようとしたアン・ロー（Roe, A.）の理論を始め，ボーディン（Bordin, E. S.）やマホーン（Mahone, C. H.）の理論などいろいろあるが，パーソナリティ類型と職業類型の対応に関して最も実証的に研究されている理論の代表は，ホランドの職業選択理論であろう。

ホランド（Holland, 1985）の理論は，生得的資質と発達過程で体験する人的・文化的・物理的諸環境からの外的力との相互作用を経て，個人は，社会的・環境的課題に対するその人にとって好ましい取り組み方を発達させ，そして好みがその人の志向性のタイプ，すなわち行動様式に反映される，という理念を背景として，次のような四つの仮定を理論的枠組みとしている。すなわち，

①個人の行動は，その人のパーソナリティとその人をとりまく環境との交互作用によって規定される。

②個人のパーソナリティは，現実的，研究的，社会的，慣習的，起業的，芸術的という六つのタイプに分類される。

ここで，ホランドの理論が従来の類型論と異なる点を指摘しておきたい。彼は，個人を六つのタイプのどれか一つに分類できるとは考えない。むしろ，二つか三つのタイプを組み合わせることによって，たとえば，現実的－慣習的タイプというふうに，個人を描写できるという理念をもっていることである。

③環境も，パーソナリティと同様の六つのタイプに分類できる。なお，環境もパーソナリティと同様，純粋なタイプで表現できる環境は少なく，大半は二つか三つのタイプを組み合わせることによって，現実的に環境の特徴を描写できると考える。

④人間は，自分のもっている技能や能力が生かされ，価値観や態度を表現することができ，自分が納得できる役割や問題を引き受け

させてくれるような環境を求める。

　ホランドが自分のキャリアカウンセラーとしての経験を背景として理論を発展させたことは有名である。そのため，彼は，この理論を実践するための手段として，VPI職業興味検査や，職業分類辞典なども開発し，個人が自分の行動傾向を把握するのを援助すると同時に，それと対応できるタイプの職業や活動，生活環境を探せるように援助するカウンセリングを提唱した。自分についての理解と同時に職業や環境についての理解が不明瞭で不十分なら選択決定できないであろうし，決めたくもないであろう。

(5) 発達論的アプローチ

　これまで，四つのアプローチ群が，それぞれ独自の視点でキャリア行動の解明を試みていることを指摘してきた。つまり，パーソナリティ・アプローチと特性因子論的アプローチは，適職が人によって異なる理由を明らかにしようとしているのに対して，意思決定論的アプローチは，選択する対象が何であろうと，「人がどのように選ぶのか」に焦点を当てているし，状況・社会学的アプローチは，適職に見られる個人差が，個人の所属する集団によって形成される部分を重視しているということである。しかし，これらのアプローチは，「個人にはより適した職業あるいは職業領域がある」という仮定に立っているという点で一致しているのである。また，どのアプローチも，選択時点に焦点を当て，「個人に適した職業とは何か，それはどのようにして選択できるのか」という疑問に答えようとしているものであるともいえる。もちろん「適している内容」は理論によって異なる。

　第五番目のカテゴリィとして取り上げた発達論的アプローチは，キャリア選択行動そのものに関しては，上述の四つのアプローチが提示した概念の多くを取り入れているが，生涯にわたるキャリア発

達の解明に焦点を当てている点で上述の四つとは異なる角度からキャリア行動を捉えるアプローチである。ちなみに，発達論的アプローチの代表的理論家であるスーパーはキャリア発達理論を「キャリア行動に関する発達心理学」とよんでいる (Super, 1957)。

　言い換えれば，発達的アプローチはキャリア選択を選択時点の一つの「行為」から，キャリア発達という「前進する一つの過程」の一部として捉える，という新たな理論的枠組みを提示し，選択行動をある一時点に限定するのではなく，幼児期に始まり，生涯にわたって繰り返される「選択と適応の連鎖の過程」であることを強調したことに特徴がある。発達的視点に立つということは，学校から職業界への移行期のみならず，一つの職業から他の職業へ，雇用状態から失業状態へ，雇用状態から引退へと，人生の中で幾回も遭遇する移行期で，主体的な選択と意思決定を繰り返すことによって人は生涯発達しつづけるという仮定に立ち，積極的・建設的に選択と意思決定を実践すると同時に，それぞれの時点で起こっている社会的，経済的な外圧に対応するために，自分にとって重要なもの，価値をおく事柄を変化させながら，ネゴシエイトしなければならないことも意味しているのである。ということは，選択をとおして個人も変化しうるし，環境も激しく変化している時代特徴を考えると，ある時点での把握した個人の特徴やパーソナリティ・タイプ，また適職と思われるものが永久のものではないし，その後の移行期での選択の規準となるとは限らないということが明らかとなるであろう。

　キャリア行動の発達に焦点を当てた理論の中で，理論的にも実践的にも最も影響力があり，かつ総合的なものはスーパーとその同僚によって構築された理論であることは多くの人の認めるところであろう。スーパーは自分のアプローチを「差異的-発達的-社会的-現象学的心理学」と呼んだように，理論構築の過程で，スーパーは学際的アプローチを取り，差異心理学，発達心理学，社会心理学，

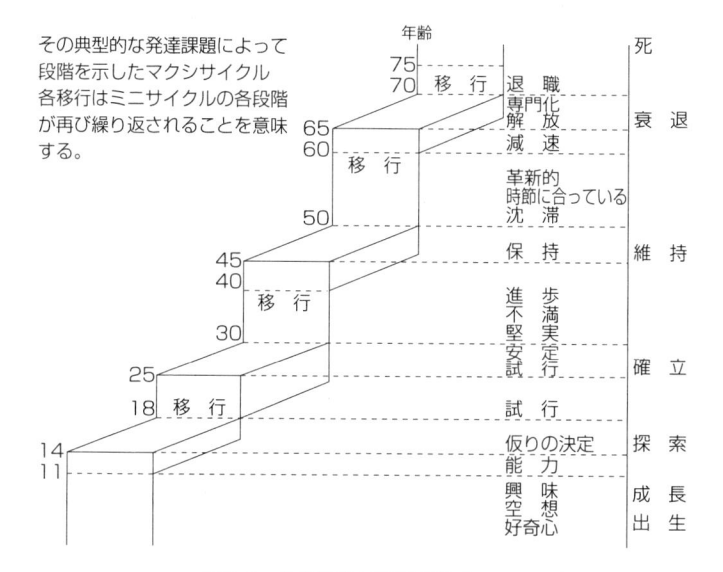

その典型的な発達課題によって段階を示したマクシサイクル
各移行はミニサイクルの各段階が再び繰り返されることを意味する。

年齢		
75	移行	死
70	退職	
65	専門化/解放	衰退
60	減速	
	移行	
	革新的/時節に合っている	
50	沈滞	
45	保持	維持
40		
	移行	
30	進歩/不満/堅実/安定	
25	試行	確立
18	移行	
	試行	
14	仮りの決定	探索
11	能力	
	興味/空想	成長
	好奇心	出生

図 3-1　生活段階と下位段階（Super, 1985）

そして現象学的心理学などから多くの洞察を得，それらを組織的に統合させた。さらに，彼は生涯を終えるまで，研究をとおしてキャリア発達の理論を発展させており，その過程で経済学や政治学からの知見も組み入れるようになっていった。

スーパーの理論というと，図3-1で示される職業的発達段階説の部分が最も有名である。これは，ビューラーの生活段階に関する所論やギンズバーグらの発達理論や，ハビガーストの発達課題説を取り入れて構築されたものである。しかし，スーパーは，1957年に開始した「キャリア・パターン研究」とその後の継続研究，および社会・経済的環境の変化への考察に基づいて，1994年にその生涯を閉じるまで精力的に自分のキャリア発達モデルの精緻化に努め，発達理論自体を理論化させつづけたといえよう。その証拠の一つは，彼

の理論の特徴をまとめた「職業的発達の命題」の改訂に現れている。1953年に初めて提示されたとき10の命題で理論が説明できたが，1957年には12に増え，1970年代，1980年代とさらに検討され，1990年には14の命題となった。

1980年代に入ってからは，成人期のキャリア発達に焦点を当てた研究とその理論化に努め，キャリア発達を生涯発達の一側面として位置づけて，個人の生活様式との関連づけをすること，および認知発達論的アプローチを取り入れて意思決定の過程をより洗練させることに尽力した。その結果が14番目の命題として付け加えられている。生活役割の一部に職業生活を位置づけた背景には，従来の発達段階モデルによれば，「維持期」とよばれ，それまでに確立した地位やキャリア生活を維持し，徐々に職業生活から離れる準備に入ることを発達課題としてきたはずの40歳代後半から50歳代の人々が，実は新たなキャリア選択に直面したり，性差別撤廃にともなって女性のキャリア行動への関心が高まった，などの社会的変化があったことは否めない。

日本においても，産業構造の急激な変化と長引く経済的不況という環境の中で，職業をもつ成人のためのキャリアカウンセリングへの要請が急速に高まっている。その理由は終身雇用制のもとではほとんど無視できた中年期の職業選択という課題に，多くの成人が直面せざるをえなくなったからである。その意味で，スーパーが，成人期のキャリア行動に関する研究結果をもとに1980年代以降に提示したキャリア発達に関する新しい見解は，日本の成人のキャリア発達を考える上で非常に意義深いと思われる。

新たな見解の一つは，「キャリア・レインボー」モデルとして提示された視点である。このモデルをとおして，彼は，「われわれは生涯をとおして，多様な役割を同時に複数の舞台の上で演じている現実に気づかせ，役割は相互作用しているので一つの役割で成功すれば

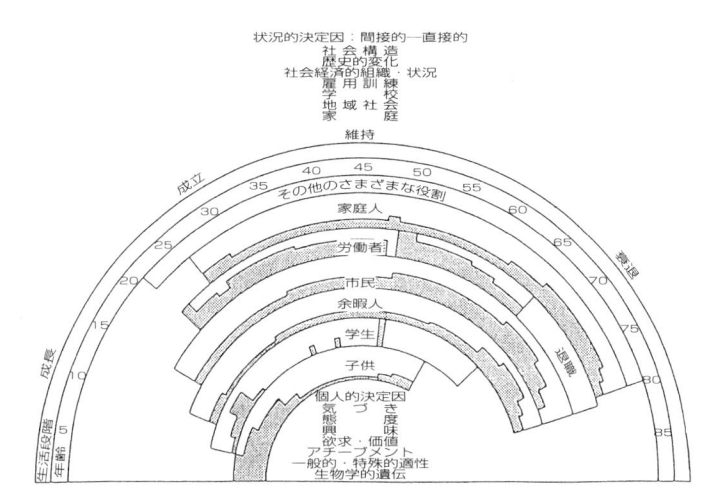

図3-2 生涯経歴の虹 (The Life-Career Rainbow, Nevill & Super, 1986)

他の役割でも成功し，逆に一つで失敗すれば同時に他の役割もうまく演じられなくなっていく」ことを示唆した。われわれが演じる主な役割として彼は，子供，学ぶ者，余暇人，市民，働く者（失業も非就職も含まれる），配偶者，家庭保持者，親，年金受給者の9種類をあげている。また，その役割を演じる舞台（環境）として，家庭，地域社会，教育機関，および職場の四つをあげている。人によっては，もちろん他の役割も舞台もありうるが，これらは大多数の人に共通する舞台としてあげている。つまり，職業に就くこと，働くことを生活の他の部分から切り離してみるのではなく，逆に他の役割と絡み合っているものと再定義しているのである。また，「そのときそのときにこれらの生活役割をどのように組み合わせるかが，そのときの生活様式を作り，こうした生活様式の連続が生活空間とキャリア・サイクルを構成するのであり，このような生活構造全体がキャリア・パターンである」（1981, p.288）と説明している。

このように，多様な役割を限られた生活時間の中で演じるためには，役割間での葛藤を整理し，優先順位をつけて行動に移せなければならないし，主に生活する舞台が変わることで新たな役割を取ることも起こる。つまり，新たな役割を取ったり，優先順位を変えたり，役割の内容を変えたりする時点で意思決定が行なわれるのである。そこで，キャリアカウンセラーに必要な概念モデルとして，キャリア意思決定過程のモデルを構築した。

もう一つの新たな見解はキャリア発達段階説の改変という形で表わされた。スーパー（1977，1985）は，成人期のキャリア行動の分析をとおして，青年と40歳代の成人とでは，探索しなければならない課題や必要となる情報の種類は異なるが，青年期の探索段階の発達課題として重要な五つの能力（計画性・時間的展望，探索，情報，意思決定，現実志向）と全く同じ能力が，中年期の職業人にも重要となること，そして「決定する内容は異なる。しかし，意思決定行動の原則は年齢に関係なく，生涯にわたって同じである」ことを主張するようになった。

さらに，これらの新たな見解を反映して，彼は，誕生から死にいたるまでを成長期，探索期，確立期，維持期，下降期に分けた従来のキャリア発達段階をマクシサイクル（maxicycles）とよび，それに，新たにミニサイクル（minicycles）の理念を追加した。ミニサイクルとは，マクシサイクルを構成する各段階の間に挿入される意思決定過程のサイクルのことである。具体的に言えば，まず第一に，生涯発達の過程で，一つの生活段階から次の段階の間（たとえば，確立期から維持期の間）に「移行時点」があること，次に，それぞれの移行時点では，意思決定過程（空想から，試行，現実へと進む）が繰り返されるということである。別の言い方をすれば，キャリア生活が不安定になる時はいつでも，意思決定のミニサイクルをとおして，新たな成長，再探索，再確立がもたらされると考えるのであ

る。この意思決定過程はギンズバーグらが提示した青年期の具体的職業選択までの発達段階と一致する。言い換えれば，生涯キャリア発達のイメージが従来の直線的な階段からミニサイクルを回りながら登るらせん階段のイメージに変わったといえよう。

生涯キャリア発達のマクシ・ミニ・サイクル構造論の導入に伴い，さらに新たな重要な概念が提示された。もっとも重要なものは，従来のキャリア成熟（career maturity）の概念とは別のキャリア・アダプタビリティ（career adaptability：暫定的に「キャリア適応力」という訳語をつける）の概念である。両方とも，個人のキャリア選択への準備性と発達課題の達成の程度を行動的に説明する概念である。しかし，スーパーとその同僚たちは，キャリア成熟は，青年期までの発達過程には適切な概念であるが，成人には不適切である（Super, Thompson, & Linderman, 1988）と考え，成人期以降のためにキャリア・アダプタビリティという概念を導入した。その理由は，意思決定能力の発達は青年期までの課題であり，青年期以降も伸張し続ける能力ではないこと，また，その後の確立期，維持期，および下降期の発達課題に対処するのに必要となる態度や能力は年齢によって異なるものではない，と考えるからである。この用語はキャリア心理学において市民権を獲得しているわけではないが，アイザクソンら（Isaacson & Brown, 1993）は，「変化する職業生活上の役割に直面し，受け入れ，対応する能力を意味する言葉として適切であろう」とコメントしている。また，成人が体験する「移行」について言及している人々は，アダプタビリティ（適応力）の必要性を示唆している（Goodman, 1994）。青年期と異なる概念の必要性は，キャリア選択の実行という青年期の課題の達成を境として，発達の様相が異なることを意味している。つまり，青年期までは最初のキャリア選択に必要な能力と態度を段階的に伸張させることが成熟の規準であるが，その後は，青年期までに獲得した能力と態度

を，発達課題の達成に応用できることが成熟している状態であると考える。もしこの仮定が正しければ，成人のためのキャリアカウンセリングの役割は，キャリア成熟の程度とキャリア・アダプタビリティの両方を意識しながら，両面から個人を把握していくことが求められるかもしれない。

スーパーの理論は，自分の総合的な理論を「アーチ型モデル」として表現し，1994年に発表した。これについてはあまりにも包括的であるという批判もある。しかし，彼が「自己概念」を自分の理論の中核に据えていたことは，生涯をとおして変わらなかった。彼がキャリア発達の過程を自己概念の発達と受容，探索と現実吟味，自己概念の実現へと順次進展する過程として捉えていることが明らかに示されている。

彼は，「個人の行動は，その人の自分自身に対する認知と自分の置かれている状況に対する認知，および個人が自分の世界を解釈する仕方によって規定される」(1969)という現象学的理念を基盤に理論を構築していることを意味する。言い換えれば，個人が表現する職業的好みや希望職業とは，その人がもっている自己像を職業という言葉に置き換えたもの（occutalk：職業語による表現）であり，その職業に就くことは，「自分のもつ自己概念を具体化しようとする」ことであり，自己概念にかなう方法で働けるような職業を選ぶ，という捉え方をするということである。

彼の理論によると，自己概念が個人の行動を形成し，かつ行動を引き起こすわけであるから，キャリアカウンセラーの役割は，単に個人が職業能力を開発したり，職業についての理解を深めることを援助するのではなく，現実的な方法で自己自身を認知していく力と態度が習得できるように援助することにあるといえよう。

3 カウンセリングの理論

 有能なキャリア・カウンセラーとして機能するためには，キャリアについての知識だけでは不十分である。なぜなら，上述したようなキャリアの諸理論は，キャリアカウンセリングを実践する上で考慮しなければならないキャリア行動に関する要因やダイナミックスについての知識を提供してくれるが，これらはキャリア・カウンセリングの理論ではないからである。キャリアカウンセラーにとって，キャリア行動への介入の仕方とかキャリア行動の変え方についての知識とそれを実践する能力は不可欠である。それを提供するのはカウンセリングの理論であり，カウンセリング心理学である。

 カウンセリングの理論と一言でいってもその数は非常に多い。そこで，本書では主要なキャリアカウンセリング理論，すなわち，特性因子，クライエント・センタード，サイコダイナミックス，発達的，行動的，および認知行動理論の六つを紹介することとする。もちろん，これら六つの理論はキャリア問題に限定されたカウンセリング理論ではない。もともとは，広く一般的なパーソナルカウンセリングのアプローチでもある。しかし，これらはどれもキャリアカウンセリングでも非常に重要で，大きく寄与しているものである。ここでは，特にキャリアカウンセリングに貢献しうるという視点で，六つのアプローチの特徴をまとめてみた（表3-1）。

表3-1 6つのアプローチがキャリアカウンセリングに寄与する特徴 (Herr, 1995)

アプローチ	キャリアカウンセリングに寄与する主な特徴
特性因子アプローチ	*個人の特性と,具体的な職業や訓練・教育の機会などとを結合させる *学生や成人が,自分の能力,適性能力,興味,実績や経験などに見合う範囲の職業について検討するのを援助する *クライエントが,自分が現在もっている知識やスキルの融通性と,多様な職務,職種,業種への移行可能性について理解していけるように支援する *自分の特徴を整理して表現する言葉(例:興味,価値観,適性能力,実績,スキルなど)および,職務や職種,キャリアの分類法についての知識を提供することによって,可能な選択肢を探索したり必要な情報を入手することを促す。 *個人が,複数の職業や教育・訓練の機会について,それを手に入れたり,そこで成功する確率を自分で評価することを促す。
クライエント・センタード・アプローチ	*仕事上の適応問題やキャリア設計の課題などと対峙し,吟味し,ありのままの現実をみつめられるように,安心できると感じられる心理的環境を作る *若者や大人が,自分が主人公となって自分の生き方を管理し,かつ,とるべき行動の目標を設定し,カウンセリングの中でその行動を練習したり試したりしていけるように勇気づける *クライエントが自分なりの優先順位の付け方,自分なりの行動パターン,そして目標達成を妨げる事柄などについて洞察を深めていけるように援助する。 *クライエントがカウンセリングを必要とした状況はプラスの方向に変わりうるという希望をもって前向きになれるようにする。 *カウンセラーはクライエントを価値ある一人の人として見,クライエントが自分のキャリア生活での問題や障壁を自分で明確にし,その状況を変化させる能力をもつ存在と見ていることを強調する
サイコダイナミック・アプローチ	*キャリア選択や仕事への適応に関連する現在の行動と過去の経験とを関連づける *現在の職場の同僚や上司との関係を妨げる原因と考えられる過去の対人関係や家族関係の中での未解決の葛藤を,クライエントが把握できるように援助する *クライエントがもっている否定的な自己観や自己効力感,あるいは選択可能性についての気持ちなどの中にあるうめ込まれた他者の期待や他者からのメッセージを,クライエント自身が認識していくのを促す

	*過去の職業経験や教育・訓練歴，社会的経験を点検し，クライエントが仕事をとおして充足させようとしている欲求を明確化するのを援助する
発達的アプローチ	*個々人がそれぞれのキャリア設計過程において取り組まなければならない発達課題についての洞察を深めるのを援助する *クライエントが，働く者としての役割を，生活者としてのその他の役割（家庭人，親，余暇人，学ぶ人，市民など）と比較しながら，働くことの意味を明確にし，他の役割と統合していくのを援助する。 *働くこととか職業をもつことは大方の男女にとって，自分自身の存在にとって中心となるものであることに気づいていけるように支援する。もちろんすべての人がそうではない。なかには，働くことや就職することが周辺的，付随的なことと考える人もいるであろうし，まったく関係ない人さえいることも認識して，働くことがクライエントにとってどの程度重要なのかについても洞察を深めるように援助する *クライエントが，自己概念，および働くことのなかでの自己概念を実現する方法を明確にすることを促す。 *クライエントが，時間の経過とともに変化する過程を理解し，かつそのような変化を予測し，取り組んでいく方法を把握するのを促す。 *クライエントが，それぞれの生活段階における課題と，環境からの要請とに上手に対処できるかどうかは，個人の側の準備体制にかかっていることを理解できるように援助する。このことは特に，個人がキャリア成熟（あるいはキャリア・アダプタビリティ）の諸要素（つまり，計画性とか時間的展望，探索スキル，適切な情報，意思決定スキル，および現実志向性）についての理解を深め，かつそれらを習得するように援助することを意味する。 *自己概念を発達させ，それを職業的自己概念に翻訳していく過程で，現実性を検討しながら，この過程をフィードバックしていくことの重要性に，クライエントが気づけるようにする。 *仕事および生活での充実感は，個人が自己概念や能力，欲求，価値観，興味，パーソナリティ特徴，および自己概念を発揮する道をどの程度見出せるかにかかっていることを理解し，実行に移せるように支援する。また充実感は，個人がそれぞれの段階での自分のとるべき役割を見出し，その役割を果たせる職場，活動の場，生活様式を確立できるかどうかにもかかっていることを理解できるように援助し，それを達成できるような行動がとれるように援助する。
行動的アプローチ	*キャリア設計，仕事上の業績や適応に関してクライエントが抱いている幻想や非現実的考えを取り除くように援助する。

	*クライエントが、カウンセリングをとおして、あるいは職業や学校、対人関係などで達成したがっている目標を明確化するのを促し、かつ、それらの目標を学習できるあるいは再学習できる形に細分化する。 *クライエントと一緒に環境を分析し、クライエントに行動させたり行動を持続させたりする強化要因やきっかけとなる事象を見つけだす。 *社会的モデリングや代理学習、ロールプレーイングや行動リハーサル、フィードバックなどの機会を提供することで、クライエントが業績を向上させたり、職場適応を促進させたり、職業選択やキャリア設計を進めるなどの目標を達成する上で重要な行動やスキルがどんなものであるかを具体的に理解し、かつ、それらを学習できるようにする。 *クライエントが自分の行動上の問題に気づき、目標達成に必要な行動を学習するように強化づける条件や経験の機会を作り出すことに焦点を当ててクライエントを支援する。
認知行動的アプローチ	*個人が自己、他者、生活上の出来事などについてもっている不正確な認知のしかたを修正するのを援助する。 *クライエントが、自分の心理的ムードや不安、抑うつ状態、あるいは思考と直結する感情などの背景にある認知傾向を把握するように援助する。 *クライエントが、自分の能力や価値、仕事上のチャンスや実績などについての非論理的信念や自己の思考を分析するように促す。 *キャリア計画、学校から仕事への移行、あるいは仕事への適応などについての悩みを認知的に再構成できたり、リフレーミング（再枠組み）するのを援助する。 *過剰般化や認知的歪曲をするクライエントに自己の傾性に気づかせることによって、職業選択などに関係する問題や障壁を評価させる。

Herr, E. L. (1995) *Counseling employment-bound youth*. Greensboro NC: University of North Carolina at Greensboro, ERIC on Counseling and Students Services に加筆した。

　以上のアプローチは、さまざまな実践的研究がなされ、カウンセリング心理学ではすでに十分に市民権を得ているものであるが、これらのほかにも新たなアプローチがいくつも生まれている。

　その中の一つがカウンセリングへの認知論的アプローチで、いわゆる構成主義を共通基盤とする理論群である。構成主義は、そのルーツをビコやカントのような哲学者にもち、現在では心理学のみな

らず経済学,生物学,数学,社会学などさまざまな学問に応用されている（Winter, 1996）。にもかかわらず，構成主義の定義は統一されていない。しかし，共通していることは，個人を単なる受身的・反応的に外界の影響を受け取る存在としてではなく，能動的で，諸環境に積極的に働きかける存在として捉えることである。言い換えれば，構成主義の人間観では，人を，単に「与えられた情報を受身的に受け取るものでも，また自分の外部にあって客観的，量的に分析できる世界を真実の現実と受け取るものでもない」という捉え方をする。構成主義の人間観は，多元的現実の中で自分なりの意味づけのパターンを構成することによって，自己および個人的構成概念を創造していく存在，すなわち，人は自分の世界を積極的に構成するものであるという信念に基づいており，人は，決定したり決定を回避したりすることによって，自分自身の現実を作り上げていく活動的存在であることを強調している。したがって，この立場に立つ人々は，人間を「意味を創り出す者」と捉え，いかにして個人は自分自身のために意味を創造していくかに焦点を当てている。

カウンセリングとの関連について，カナダのカウンセリング心理学者であるピービィ（Peavy, 1994）は次のように述べている。「コミュニケーション，物語，会話という形をとる言葉を，人間が現実を構成するために用いる手段と捉えることが，構成主義的見解の核である。また，物語体（会話体）が他者の行為を理解するのに適しているのは，われわれがみな自分の生活で物語を生き続けているからであり，自分が生きつないだ物語をとおして自分自身の生涯を認識するからである」(p.32) と。

コクラン（Cochran, 1990）やジェプセン（Jepsen, 1996），サビカス（Savickas, 1993）らは，それぞれ構成主義のこのような特徴を取り込んだキャリアカウンセリングのアプローチを提唱し始めている。このアプローチでは，キャリアカウンセラーの介入行動とし

て，クライエントの物語の分析を利用する。具体的にいうと，クライエントの人生で何がテーマとなっているかを見つけ出し，さらに，クライエントが自分の求めている有意味感と折り合いがつくまでその物語体のテーマを鮮明にしたり，再構成したり，修正したり，書き直したりすることを援助の目的として，クライエントの物語（語ること）を分析するというアプローチである。また，カウンセラーとクライエントの協働関係に力点をおいている。そして，クライエントが解決すべきジレンマや情報不足，不安などを解決できるようにさまざまな技法やリソースを用いて，カウンセラーとクライエントがともに積極的な協働者となるように強化づけたりもする。

　本章においては，キャリア行動についての主要な理論とキャリアカウンセリングの理論とを分けて紹介したが，両方ともキャリアカウンセラーが有効に機能するための概念的枠組みを十分に把握するのに不可欠であることはいうまでもない。すなわち，カウンセラーにとってキャリア行動の諸理論は，キャリア行動に影響を与えうる要因を明らかにするために必要である。そして，キャリアカウンセラーは，自分の拠って立っている理論に基づいてクライエントと一緒に明らかにしていけるはずの，クライエントの問題や悩みの原因について仮説を立てることができる。具体的にクライエントと話し合いながらクライエントの問題や悩みを明らかにし，その原因について仮説を立てながらクライエントと一緒に問題を解決していく方法は，カウンセリング心理学がその機能を発揮できる分野である。ここでは七つのカウンセリングアプローチを紹介したが，どれも独自の視点をもっており，かつ個人の必要性に応えられるいろいろな知識と技法を提供している。有能なカウンセラーであるために大切なことは，自分の理論やアプローチに人を当てはめるのではなく，「クライエントに役に立つカウンセラーとなるために」理論を用いる

ことである。また，自分の行動とカウンセリングの結果を評価するためにも理論は重要である。

有能なカウンセラーであるためには，いろいろな理論について理解し，それぞれの理論から生まれた技法の特徴を把握することが重要である。なぜならどの理論にも特徴があり，得意とする分野があるからである。したがって，カウンセラーには，クラインエントの状態や問題をみきわめ，どのアプローチや技法が役に立つかを判断できる能力が求められる。クライエントが独自な存在であり，その問題や悩みの種類や程度も多様であることを認識すれば，すべてのクライエントに対応できるアプローチなど存在しないというのが最近のカウンセリング心理学の立場である。

「折衷的主義」が，最近日本でも魅力あるアプローチとして再度注目を浴びだしている。50年ほど前，カウンセリングのアプローチが指示的カウンセリングと非指示的カウンセリングで二分された時代があった。そのころスクールカウンセリングはそのどちらでも不十分であり，両者をミックスするのが効果的であるとして第三のアプローチとして折衷的カウンセリングという言葉がよく用いられた。最近の折衷主義は，特定のアプローチに固執しないで，クライエントに合わせて種々の技法を使い分けるアプローチを意味している。アメリカにおいても，上述したように，すべての人と問題に有効な単一のアプローチはないということから，20年ほど前から，あらためて折衷主義が注目を浴びだした。今ではある意味ですべてのカウンセラーは折衷的アプローチに入るともいわれているくらいである (Wody et al., 1989)。しかし他方で，無作為に治療法や技法を試すかのような折衷主義の横行に対しては批判もでた（例：Arkowits, 1992；Lazarus, 1988)。現在アメリカで受け入れられている折衷的アプローチとは，カウンセリングの成果に関するリサーチと複数の理論に関する研究に基づいて，体系化された折衷主義，いわゆるシ

ステマティック・エクレクティック（折衷的）アプローチである（Norcross, 1986）。「どういう問題を持つ，どういうクライエントの場合，またカウンセリングプロセスの進捗状況がどのような段階にあるとき，どのアプローチ，どの技法がより有効か」を明確に提示する一つのアプローチである。この折衷主義は，「一人のカウンセラーが特定のアプローチに固執しないでクライエントに合わせて使い分ける」という意味ではない。「クライエントに合わせて複数の技法や理論を使えるように体系化されたアプローチ」のことである。システマティックなアプローチに求められることは，カウンセラーがいろいろな技法を使いこなせるということをいう意味ではない。いろいろなアプローチの特徴を理解し，クライエントの状況にあったアプローチや技法を認識できるということである。そして，カウンセラー同士，あるいは他の専門家とのネットワークを組んで，協働で一人のクライエントを援助する姿勢である。

　システマティックな折衷的アプローチに立つ場合にカウンセラーに求められることは，クライエントの直面している問題や悩みが何であるかを把握し，原因についての一応の仮説を発展させられる能力である。その上で，自分が応対できることか，自分のアプローチよりもっと有効なものはないかどうかをカウンセラーは判断し，自分が援助しつづけるのか，それとも他のアプローチや他の技法の得意なカウンセラーに依頼すべきかどうか決定できなければならない。キャリアカウンセラーの場合は，特にキャリア行動についての専門家として，キャリア問題について他のカウンセラーから期待されるところが大きいであろう。そういう意味でもキャリア行動とカウンセリングに関するいろいろな理論を理解することが求められるのである。

第4章

キャリアカウンセラーの活動範囲

　第2章で述べたように,カウンセラーは「環境との相互作用のなかに生きる個人」に焦点を当て,それぞれの環境の中で個々人が最高に機能できるようになることを援助することを目標としている。特にキャリアカウンセラーが焦点を当てている職業・産業の世界と関わる個人の環境は多様化,複雑化する一方であるので,カウンセラーの働き方も多様化,専門化せざるをえないのである。本書の著者らが提言している「パーソナルカウンセリングとの融合」もその一つの現れである。昨今「心の癒し」とか「心のケア」ということばの流行に呼応して,「人の話を積極的によく聞く人,痛みを分かつ人,そばに寄り添ってくれる人」がカウンセラーの特徴だと思う傾向は,専門家,非専門家を問わず日本社会にかなり蔓延しているようである。それに対して,アメリカやイギリスでは,「変化を創り出

す人」というイメージが強調されているが，その背景には，個人の生きる環境を，より生きやすい環境に変化させることなくして真に個人に貢献することはできないこと，そのためには個人が「生きる力」を身につけることと同時に「環境自体を変化させる」ことが不可欠であるという考えがある。そして，カウンセラー自身が環境と個人との相互作用を促進させる機能を果たそうとするのである。

このような理念に立って，その専門的知識と能力を生かそうとすると，カウンセラーはかなり多様な機能が果たせるのである。個々のキャリアカウンセラーが具体的にどのような活動をするかは，そのカウンセラーの教育的背景や経験の他に，対象となる人々の特徴，カウンセラー自身の就業形態（開業か雇用か）なども影響する。開業している場合は，自分の活動領域を特化する必要があるかもしれない。何にでも関与しようとすることはかえって信用を失うであろう。また雇用されている場合は，雇用主の要請や他の専門職との連携などを考慮して，最も機能できる領域に限定して活動する必要がおこってくるであろう。本章では，アメリカで専門職として認定されたカウンセラーたちの多様な活動状況を紹介しておきたい。

1 キャリアカウンセラーの援助のしかた

われわれの生活する環境には，個々人のキャリアに関する課題を援助する方法や手段は多様に存在している。就職先や進学先を提供することも援助の方法の一つである。生き方のモデルとなることも援助の一つであろう。成功の確率が最も高い進路を示唆するのも一つであろう。生きる希望を失いかけている人には，時間をかけてその苦悩を少しでも理解しようとするのも支えとなるであろう。そうしたいろいろな援助のなかでカウンセラーらしい援助とは何であろ

うか。カウンセラー(キャリアカウンセラーとは限定しない)という専門職が独立しているアメリカでは,少なくとも次のような機能を果たすことによって,個々人を直接的・間接的に援助できるように教育されている。実際には,ここにあげる以外の仕事を実践しているキャリアカウンセラーもたくさんいるが,ここでは全米キャリア発達協会(National Career Development Association)が,キャリアカウンセラーに共通する機能として提示した内容を紹介する(NCDA, 1985)。

1. ライフ・キャリアの目標の明確化を援助することを目指した個別およびグループカウンセリングを行なうこと
2. 自らの能力や興味を評価し,可能性のある進路を多角的に探索できることを目指して,心理テスト類を実施し,解釈すること
3. 多様な体験学習(フィールドトリップや職場見学,インターンシップや探索的・啓発的体験学習など)の機会を提示したり計画したりすることによって,積極的に,キャリア探索活動を促進できるように働きかけること
4. 職業情報システムやキャリアプランニングシステムを駆使して,個人が仕事の世界についての理解を深めていけるように援助すること
5. 意思決定のためのスキルや能力,態度を発達させられるような機会を提供すること
6. 個人のキャリア計画を発展させられるように援助すること
7. 就職活動の仕方や必要なスキルを教授したり,履歴書や職務経歴書の効果的な書き方を指導すること
8. 人間関係スキルを改善させる訓練をとおして,職業生活上の心理的葛藤を解決できるように援助する
9. 職業上の役割とその他の生活上の諸役割とを統合することの意味を理解できるように援助すること
10. 職業ストレス,失業,職業上の転機(移行)のさなかにいる人々を支援すること

これらの機能の説明だけをみると,ソーシャルワーカーとかサイ

コセラピスト,教師や,研修会のファシリテーターなどの専門家も同じことを行なっていると思われるかもしれない。特に日本の場合は,カウンセラーという専門職が確立していないため,その他の職業の人々が必要に気づいてこれらの機能を果たしている場合は大いにありえることである。

上述したように,キャリアカウンセラーは,働く場所(学校,大学,地域社会,施設,企業など),対象とする人々(子供,青年,雇用者,失業者,高齢者,再就職希望の女性など)によって,これらのうちのいくつかに焦点を当てたり,比重の置き方を異にしたりするなど,多様な働き方をするし,これらの機能を果たすために用いる方法や手段もさまざまである。その意味で,カウンセラーはカウンセリング面接だけをする人ではないのである。

2 キャリアカウンセラーの活動領域

以上のような機能は,実際にはどのような活動(専門的行為)をとおして実践されるのであろうか。

(1) 個別あるいはグループカウンセリング

カウンセラーの中核的機能であり,なんらかのキャリア問題をもつ個人に直接的に関与,介入し,その問題を解決できるように援助するプロセスである。具体的な援助行動はカウンセラーのアプローチによって特徴づけられる(第2章を参照のこと)が,形態としては,カウンセラーと相談者(クライエントまたはカウンセリー)が一対一で行なわれる個別カウンセリングと,1人のカウンセラーが5,6人の相談者(クライエント)を集団として行なうグループカウンセリングとが代表的である。この活動については,次章で詳しく

取り上げることとする。

(2) コンサルテーション

カウンセラーとしての専門知識を他の専門家に提供することによって，他の専門家の活動を支援することである。この活動は，専門家同士の間の行為であり，相手の専門家の仕事を支援することであって，その専門家の心理的問題の解決を援助することではない。したがって，コンサルテーションを行なうカウンセラーは，カウンセリングとコンサルテーションの目的の違いを明確に認識しておくことが専門家としての倫理である。

ちなみに，日本では，キャリアコンサルティングという用語が使われだし，キャリアコンサルタントという職名も生まれつつあり，新たな混乱も起きつつある。キャリアコンサルテーションとは，旧労働省（現在の厚生労働省）の主催する「今後の職業能力開発の在り方研究会」の報告書（平成12年12月）の中で初めて用いた用語である。そこでは，キャリアコンサルティングを以下のように説明している。「事業主が必要とする『人材像』を労働者に提示した上で，企業のニーズと労働者の希望・適性・能力を照合し，キャリア形成の具体的方向と職業能力開発の方針を確定させること」（p.2）と。さらに，キャリアコンサルティングを行なう専門家とは「職業能力開発・職業能力評価などに限らず，人事労務管理全般について専門的な知識が必要である」（p.6）と説明している。この定義だけではキャリアカウンセラーとの区別は明確ではない。

いずれにしても，コンサルテーションの定義として一般に承認されているものをここに紹介しておき，カウンセラーがコンサルテーションをする場合の責任を認識し，役割の混乱を避けたいと考える。ヒューマンサービスにおけるコンサルテーションを確立したカプラン（Caplan, 1970）は次のように定義している。「コンサルタント

とコンサルティという2人の専門家の間の相互作用のプロセスであり、……コンサルティとは、自分の仕事上で問題に遭遇しており、かつ、その問題は他の専門家の領域に関係することであると診断した場合、その問題に関してコンサルタント（ある分野のスペシャリスト）の援助を必要とする人のことである」と。

キャリアカウンセラーは人間関係作りの専門家であるだけなく、「個人の発達や行動に関する心理学の知識、職業選択や職業適応に関する知識、不適応行動についての知識、測定評価の知識、キャリアに関するさまざまな情報やプログラム開発のノウハウ、産業界や教育界との連携の取り方」は共通してもっているはずであるので、それらの分野に関してはスペシャリストとしてコンサルテーションができるし、他の専門領域の人々に役立てることができる。また、個々のカウンセラーは得意な分野や知識、治療技法や臨床経験、特定のクライエントや職業環境での豊かな経験などを所有しているので、他のカウンセラーにとってもコンサルタントとなることができる。システマティックなアプローチが注目されるに伴い、個々のカウンセラーにすべてを求めるのではなく、カウンセラー間、専門家間の協働作業の方が効果的であることが認識されだしてきているので、カウンセラーがコンサルテーションの機能を理解することはクライエントへの直接的介入の効果を高めるためにも有効である。

ただここで注意しておかなければならないことは、カウンセリング過程とコンサルティング過程は明確に区別しなければならないということである。この点に関しては、アメリカカウンセリング学会の最新の倫理綱領に一条文として明記されている。それを参考にすると次のように言えるのである。コンサルティがカウンセラー（この場合、コンサルタントとして働いている）の知識を借りて仕事上の問題を解決していく過程で、同時に自分の個人的な問題に気づき、その問題に焦点を当て始めることは起こりえることである。そのよ

うな場合，カウンセラーは，自分とそのコンサルティとの関係がコンサルテーション関係で始まったことを認識しなおし，コンサルタント役にとどまるべきである。コンサルティの仕事上の問題を解決するためにも個人的な問題を取り扱う必要があると判断したなら，カウンセラーにカウンセリングを依頼することが望ましい。別のカウンセラーが見つからない場合は，相互にその事実をみきわめてコンサルテーションを打ち切り，カウンセリング関係に入ることである。うやむやのうちに両方を行なうのは倫理的に許されないことである。カウンセラーが有能で，両方を同時にできると自覚していたとしても，コンサルティのためにはならないからである。

(3) プログラム開発・運営

キャリア発達的アプローチに立つカウンセラーにとってはこの仕事は非常に重要である。個々人のキャリア発達を積極的に支援するためには，カウンセリングプロセスという直接的介入だけでは不十分だからである。キャリア発達を促すため，対象者別に体系的な教育的プログラムを開発し，それを運営することができる。プログラムといっても，1時間でできるものから，中等学校でのガイダンスプログラム（進路指導）のように，3年間あるいは6年間に及ぶものまでさまざまである。時間的・経済的制約，物理的条件，さらに協力体制を組める専門家や支援者の状況などを考慮し，もっとも現実的なプログラムを開発するのがカウンセラーの能力である。運営には，意義を多くの人に理解させ，協力者チームを結成し，そのプログラムを実行し，途中で評価を繰り返しながら改変していくことも含まれる。

カウンセラーが開発してきたキャリア関連のプログラムには，青少年のためのキャリアガイダンスの他に，企業向けの雇用者支援プログラム（EAP），キャリア設計セミナー，再就職女性のための準

備セミナー，メンターやコーチの訓練，カナダで大きな成果をあげている高齢失業者のためのジョブ・クラブ，退職準備セミナーなどが有名である。アメリカやカナダでカウンセラーたちの手によって開発されたこれらのプログラムは日本にも次々紹介されているが，その実践・運営に当たっている人の中にはカウンセラーの訓練をうけている人は少ないようである。最近日本で注目されている高校や大学でのインターンシップや就業体験学習なども，アメリカなどではカウンセラーがプログラムリーダーおよびコーディネーターとなって具体的な運営に当たっているのが当り前である。このような経験が真に一人ひとりの「キャリア発達を促進させ，キャリア計画，情報収集・活用，意思決定，さらに人間関係作りなどの諸能力（competencies）を育てるように」を目標として，事前事後での心理教育的（サイコエデュケーショナルな）指導，個別カウンセリング過程などと統合していくところに独自性がある。

1970年代末からアメリカでは，キャリア支援が社会の注目を浴び，自助指導のための書物や，コンピュータ，最近ではインターネットを活用した情報提供とカウンセリング，ゲームや心理テストの開発など，キャリア支援の技法や情報源も進歩発展してきた。日本でも同様の傾向が顕著にみられる。しかしこれらはばらばらに独立して消費者に提示されており，消費者であるカウンセラーとクライエント（生徒，雇用者，求職者）とが賢明に必要なものを選択しながら有意義に使いこなす能力が求められているのも現状である。それぞれの支援活動自体は，有意義なものであるが，同時にそれぞれ対象とする人や目標が異なり，かつかなりの費用を要する場合が多い。

このような状況のもとにあって，システムズアプローチの影響を受けて，限られた財源と時間で効果をあげるためにも，ばらばらに存在するさまざまなキャリア支援のための活動や資料，道具を，クライエント（生徒と従業員を含む）の具体的な目的に合わせて，体

系的に組織立て，一つのプログラムとして提示することの意義が強調されるようになった。そして，それを実行できる能力がカウンセラーに求められている（Celotta, 1979）。

ちなみに，システムズアプローチとは，「もともとは個々独立して機能してきた部分（技能や知識などを含む）を統合し，一つのまとまりとして協働させることによって，要請される結果や要望に答える成果をあげること」とコーフマン（Kaufman, 1972）は定義している。ライアン（Ryan, 1978）はもう少し具体的に説明している。すなわち，彼女は，システムズアプローチが一つのプロセスである点を強調し，「必要な人間行動とその交互作用を，測定可能な形で成果があげられるように論理的に計画された様式の中に位置付けるプロセス」と定義している。言い換えれば，システムズアプローチは，科学的根拠（知識や技能など）をもって，論理的に組織化された（一つのまとまりとして組み立てられた）プロセスであり，そのプロセスは，達成すべき目標を具体的に明示すること，複数の方法を考察すること，目標達成に適した時と方法を選択すること，目標に照らしてプロセスを評価すること，という要素から成り立っている。

(4) 調査・研究

カウンセラーは専門家として，自分の専門性を高めることと同時に自分の領域全体の専門性を高めるためにも調査，研究をすることが重要である。さらに，自分の属する諸機関でのヒューマンサービスの改善をはかるためには，自分の関わる活動の効果性を客観的に評価・検討する研究を行なうことは必要である。

キャリアカウンセリングの目的達成に貢献する心理検査やキャリア支援のゲームや情報探索システムなどを開発するために，専門家として基礎研究から実践までの一連の研究活動に従事することも重要な仕事である。

(5) 他の専門家などとの連携・組織つくり

クライエントのためにより効果的に働くためにも，またより有意義なプログラム開発・運営をするためにも，さらに「変化を創り出す」ためにも，他の専門家および他の専門機関（行政機関，企業，教育機関など）と連携をとり，協力体制を発展させることなどの活動ができる。カウンセラーは，人間関係を土台とするカウンセリングの専門家としての能力を生かして，職場や地域社会でのコーディネーターとして組織運営に寄与することができる。

(6) 測定・評価・診断

キャリアカウンセラーは，カウンセリング過程でクライエントの自己理解や職業理解を深めるために適性能力や学力，興味や価値観などを測定する心理テストを実施し，活用する。また，カウンセラー自身が援助方針を立てたり見直したりするため，またプログラムの効果を評価するために，適性や学力，認知的諸能力，態度や価値観，ストレス傾向や精神神経学的状態，興味やパーソナリティ特性などを評価する種々の用具（一般には心理テストを指す）や直接的行動観察や面接を実施したり，他者によって収集された関連情報を解釈し，評価したり診断したりする。企業で働くカウンセラーには，カウンセリング場面だけでなく，企業内研修や，採用，配置などの人事関連の仕事，またメンタルヘルス的視点から組織改革を行なうために，直接自分が測定評価のための検査類を選択し，実施し，それを解釈したりすることに関与することもあれば，コンサルタントとして，測定，評価，診断の知識とを提供することもできる。

以上，専門的教育を受けたカウンセラーなら実行できる活動内容を紹介してみた。一人のカウンセラーがこれらの活動すべてに従事して，カウンセラー独自の機能を果たすこともあれば，どれか一つ

に専念することもある。たとえばコンサルテーションとプログラム開発を主要な仕事とし，直接的カウンセリングは他のカウンセラーに任せるというカウンセラーもある。そのような場合，そのキャリアカウンセラーは，コンサルタントという肩書きの名刺をもっているかもしれない。カウンセラーというのは資格であり，専門職名である。そのカウンセラーが，具体的にどのような職場で誰のために働くか，何を期待されて雇用されているかによって，具体的に果たす機能は異なるし，肩書きはその組織内の位置づけを示すこともあるので，必ずしも資格名を記す必要はないからである。

3 新たな活動領域

アメリカにおいて，カウンセラーの資格をもった者は，カウンセラーとして働くだけではない。大学などの教員，スーパーバイザー，研究者，コンサルタント，連邦政府や地方行政機関の行政職員や専門職員などを主な職業として働いており，間接的にカウンセラーとしての資質や知識を社会のために活用している者も少なくない。アメリカのキャリアカウンセリングの歴史が示すように，カウンセラーは教育機関，リハビリテーション・医療機関，職業安定行政機関をもっとも伝統的な職場として機能してきた。産業界に直接関与してきたのは産業組織心理学者であって，カウンセラーが参入しだしたのは最近のことである。その意味では，「産業カウンセラー」という言葉を生み出した日本の方が先輩であると思われる。

しかし，アカウンタビリティが問われ出し，カウンセラーの独自性の再定義がカウンセラーの死活問題となった1970年代後半，新たに活動の場を拡大する必要性が出た。と同時に，社会・経済の急激な変化への対応として，キャリアカウンセリングの必要性が成人や

中・高年齢者の間でも広がった。こうした社会環境のなかで、キャリアカウンセラーたちは、産業界やコミュニティに直接関与できる新たな機能を開発しだした。コーチング（coaching）やメンターリング（mentoring）は代表的な例であろう。

今日、アメリカではキャリアコーチとかキャリアメンターという肩書きで活躍するキャリアカウンセラーも増えてきている。コーチングやメンターリングも1990年代半ばに、企業の人材開発に携わる人々の間で注目されるようになった（渡辺・久村, 1999）。しかし、カウンセラーの間ではそれほど関心を集められていないようである。コーチやメンターはコンサルタントと同様決して新しい機能ではなく、以前から存在しており、他の専門領域で行なわれてきたもので、むしろカウンセラーが後から参入したといった方が正しいのである。キャリアカウンセラーにとっては新たな活動の場であるということである。コーチングやメンターリングに関してはそれぞれの専門書で学習していただくとして、ここではキャリアカウンセラーとこれらの活動との違いについて紹介するにとどめたい。どれも個人のキャリア発達を支援するということを究極的目的として掲げているため、すでに混乱が起きだしているようでもあるので、相違点を明確にすることは、真に個人のキャリア発達を支援するために意味があると思われる。

1999年のアメリカカウンセリング学会の年次大会で、ジョンズ・ホプキンズ大学で働くカウンセラーのグループ（職名は学生部長、カウンセリングコースの教員、教職員のためのキャリアマネージメントプログラムのディレクター）と個人開業で世界銀行のコンサルタントとからなるチームが「カウンセラーからコーチへ：キャリアカウンセラーのための新たな境地」というテーマで発表を行なった。彼等はみなカウンセラーとしての教育を受けているが、その職業領

域の限界に挑戦し，新たな境地としてコーチングを紹介している。

発表のなかで，カウンセラーとして働く場合とコーチとして働く場合の違いを認識することを強調している。つまり，カウンセラーもコーチもメンターもともに，「個人が今よりももっと充実した生活を送れるように支援すること」を目標としている点では共通している。対人関係，あるいはグループをとおして行なわれるということで類似点も多いため，歴史が示すように，これらの言葉が同意語であるかのように，なんとなく便利に使われる危険は十分予測のつくことである。しかし，カウンセラーという役割とコーチあるいはメンターの役割とでは活動の目標が異なり，したがってこの目標を達成するための具体的な活動の仕方，必要となる知識も能力も異なる。だからこそ別の名称を使うのである。これらの役割に関与するカウンセラーはそのことを明確に認識していることが個人と社会に対する倫理的任務であることを専門家として認知する必要がある。そこで，発表者たちは，ウエスト・コンサルティング・グループの資料をもとに作成した三つの役割の比較表（Bovard *et al.*, 1999）を提供してくれた。それが表4-1である。

キャリアカウンセラーの立場からみると，著者らは，表に示されたカウンセラーの機能の説明には異論があり，納得はいかない。また，コーチングやメンタリングにも複数のモデルやアプローチがあり，具体的な方法は少しずつ異なるであろうから，単純に比較するのは容易ではないかもしれない。表4-1は三つの役割の違いを概観できるという範囲で参考にしていただきたいと思う。

キャリアアクションセンター（Bovard *et al.*, 1990）は，キャリアカウンセラーとキャリアコーチがクライエントに対して行なう具体的な行動の違いを次のように示している（表4-2）。

メンターに関しては，藤井，金井，関本（1996）によるレビュウが非常に参考になる。かれらは，メンターに関する定義が多数存在

表 4-1 カウンセラー，コーチ，メンターの比較 (Bovard *et al.*, 1999)

役 割	活 動 目 標	機 能
コーチ	パフォーマンスを改善する事	傾聴する 観察する フィードバックを行なう 方向性を示す モデルとなる
メンター	組織の目指す方向に向かわせる	支援する 体験させる 保護する 友人となる モデルとなる
カウンセラー	個人が自己洞察を深め，新たな行動をとる	傾聴する 支援する 評価する 吟味する 診断する

し，その本質についても議論されているという現状を指摘した上で，「職業という世界において，仕事上の秘訣を教え，コーチし，役割モデルとなり，重要な人物への紹介役を果たすなどによってプロテジェ（メンタリングの受け手，被保護者）のキャリア発達を援助する存在である」と定義しており，メンタリングの機能をキャリア支援と心理社会的支援に大別し，それぞれの意義を，表4-3のようにまとめている。キャリアカウンセリングの機能を情緒的支援（寄り添うこと，話をよく聞くことなど）に限る立場に立つと，両者は十分に重なり合う。また，キャリアカウンセリングを情報提供・助言指導機能に限るなら，やはり両者は同じこととなる。著者（渡辺）の理解する限り，コーチングとメンタリングは，対象者が所属する組織，あるいは仕事上で成功し向上することが第一義的な目標となり，それをとおしてキャリア発達を援助するのに対して，キャリ

表4-2 キャリアカウンセラーとキャリアコーチの比較

キャリアカウンセラーは……	キャリアコーチは……
1 クライエントが自分自身や自分の希望について理解を深めていけるように援助する	クライエントが具体的な将来の目標に向かって動き出すのを援助する
2 クライエントに「なぜ」という質問をする	クライエントに対して「どのように」という質問をする
3 クライエントの選択肢を探索していることに専念する	クライエントがしなければいけない課題に専念する
4 クライエントを勇気づけ支持する	クライエントを動機づけ,クライエントに挑戦する
5 クライエントが気づいていない障害(問題・課題)を意識化するのを援助する	クライエントが選択肢を優先順位づけ,実行するように援助する
6 クライエントが,熟考し計画できるようになることを支援する	行動を起こすように力説する
7 クライエントのイニシアティブにそってクライエントのペースで進む	クライエントに絶えず説明を求め,変化を迫る
8 クライエントに専門的な支援をする	情報源を指し示す
9 クライエントの内的世界や課題に焦点を当てる	外面的解決とそのための具体的な行動のとり方に焦点を当てる

アカウンセリングは,個人が仕事上あるいは職業生活上の問題を「自分で」解決するのに必要な能力と姿勢を身につけることを第一義的目標としていることで,キャリア発達を促すという点においても違いがあると思う。また,必要となる知識にも大きな違いがあると思われる。コーチやメンターには,それぞれの仕事を遂行するため

表4-3 メンターリングの諸機能とその意義

次 元	機 能	意 義
キャリア支援	組織社会化の促進	プロテジェの組織適応に必要な知識や情報を提供し、組織社会化を促進する
	助言, ガイド	プロテジェが良い仕事や人間関係を作るための適切な助言を与える
	挑戦の機会の提供	プロテジェのキャリア形成に必要な仕事や役割の機会を作る（あてがう）
	コーチ, トレーニング	プロテジェの知識やスキルを伸ばすために教育や指導を行なう
	引き立て	プロテジェ自身や、彼らの才能や業績を人々の目に触れさせる
	スポンサー・代弁者	プロテジェの支持者として、活動をさまざまな側面からバックアップする
	直接的援助	プロテジェが行きづまっているときに必要な援助を行う
	保護・防波堤	プロテジェのキャリア形成にとってリスクの大きい状況から保護する
心理（社会的）支援	親近性, 他者尊重	プロテジェにとって親しみやすく接し、敬意を払うなど、人間尊重の姿勢を示す
	受容・共感	プロテジェの良き理解者として、支持的、受容的、共感的態度で接する
	励まし・勇気づけ	プロテジェを勇気づけたり、励ますことで、有能感を育む
	社会的信頼の付与	メンターの社会的地位や信頼によって、いわばプロテジェの保証人のような役割を果たす
	知識獲得の促進	ボスとしてではなく、ともに学ぶ者として関わり、プロテジェの学習を促進する
	役割モデル	プロテジェにたいして、仕事や役割上の手本を示す（キャリア上のモデルともなる）

藤井・金井・関本　1996　ミドルマネジャーにとってのメンタリング，ビジネスレビュウより引用

に必要な具体的知識や能力，あるいはある組織の体制や人間模様についての知識が必要となる。しかし，カウンセラーは自分がそのような知識をもっていなくてもよい。むしろ問題解決，意思決定のプ

ロセスに関する知識，人間の情緒的，認知的側面についての理解，環境の個人に与える影響など，人間行動全般についての知識の方が必要となる。

ちなみに，日本の産業界では「自分の会社の従業員が生き生きと働けるために，職場を知っている上司が部下のカウンセラー役をすることが望ましい」という意見があったし，事実，職場の長に相談員を命じる組織体もある。この考えの是非は別として，ここでカウンセリングに期待している機能は，もしかしたら，メンターシップなのではないだろうか。そして，「上司は，カウンセラーよりもメンターとなることの方が現実的である」と思われるのである。

本章では，アメリカにおけるキャリアカウンセラーの基本的な機能，活動の仕方や働き方，新たな活動領域について概観した。この他に指摘しておかなければならないことは，インターネットを用いたキャリアサービス（計画作りやカウンセリング，情報提供など）の影響である。21世紀にはいって，今まさに新たな領域である。今までもカウンセラーの活動領域は広がってきた。インターネットによるカウンセラーの働き方は，基本的に対面で活動する従来のカウンセラーの働き方とは大いに異なる。電話を用いたカウンセリングとも異なるのである。その意味では，インターネットによるキャリアサービスにはカウンセラーに新たなコンピテンシィと倫理が求められることは認識しておかなければならない（Harris-Bowlsbey, Dikel, & Sampson, 1998）。カウンセラー自身がインターネットを用いたカウンセリングに従事しなくても，クライエントのなかには，それを経験してからカウンセラーのところに来るかもしれない。また，時代の流れを考慮すれば，インターネットとの付き合いは避けてとおれないことである。

このようにカウンセラーが新たな境地を切り開いたり，社会の変

化に敏感に対応することは重要なことである。特に、キャリア問題の複雑さを考えれば考えるほど、カウンセリングだけでは十分に援助できないことは認めざるを得ないであろう。しかし、他方で、活動する場が多様化すればするほど他の専門職との競合も増えることも明らかである。カウンセラーが自分の専門的能力を生かして、広く活動するためには、カウンセラーの独自性を自覚し、カウンセラーとしての基本的な態度とコンピテンシィを習得し、それらを絶えず洗練し高めていくことが求められるのである。

その意味で、次章では、カウンセラーの機能の中核である直接的介入行動（カウンセリングプロセス）を取り上げる。そこではカウンセラーのコンピテンシィが集約されている。その他の活動は、カウンセリングプロセスでのカウンセラーの行動や知識の応用であるといっても過言ではない。

第5章

直接的介入
──キャリアカウンセリング・プロセス──

　キャリアカウンセラーが，その独自性と専門性を発揮して，個人と社会のために貢献しようとするためには，カウンセリングという機能にのみとどまっていることはできなかった，ということを前章で説明し，カウンセラーの行ないうるその他の仕事や機能を紹介した。このことはカウンセリングが不要であるという意味ではない。カウンセリングはカウンセラーの機能の中核であり，ますますその傾向は強まると推測される。その他の行為も活動もカウンセリングに必要な知識とコンピテンシィの応用なのであり，その意味では，カウンセラーとしての教育を受けた専門家は，さまざまな機能や行為をカウンセリングの延長線上で行なっているということができる。したがって，それぞれの機能の間で葛藤を経験することはないはずである。むしろカウンセラーとしての独自の目的を達成するために

は，カウンセリングだけでは不十分であったり，時間がかかりすぎるということから，その他のさまざまな機能を開発したといっても過言ではない。また，カウンセリングの効果を高めるためにもその他の機能が役に立つということもできる。

したがって，キャリアカウンセリングについての知識とコンピテンシィは，どのような場で，どのような役割をもって働く場合でも，カウンセラーにとって必要不可欠のものである。そこで本章では，直接的介入行動の代表であるカウンセリングプロセスに焦点を当てることとする。(ちなみに，カウンセリングプロセスそのものについては，著者の『カウンセリング心理学』(渡辺，1996)を参照していただきたい)

キャリアカウンセリングには，大別して個別カウンセリングとグループカウンセリングとがある。また，カウンセリングそのものではないが，直接的介入としてカウンセラーが積極的に実践するグループワークについても，その基本的なものを取り上げたいと思う。

1 個別キャリアカウンセリング

個別カウンセリングとは，カウンセラーとクライエントが一対一の状況で行なわれるカウンセリングプロセスのことであり，カウンセリングの原型ということができよう。個別キャリアカウンセリングを，どのようなクライエントに，いつ用いるか，また，どのような技法を用いるか，カウンセリングプロセスをどのように構成するかは，カウンセラーの拠って立っているカウンセリング理論によって多少の違いはある。この点に関しては第3章ですでに紹介したとおりである。本書は特定の理論に偏ることを避けたいので，ガイスバーズら (Gysberz, Heppner, & Johnson, 1998) が提唱した「典型

的なキャリアカウンセリング・プロセスの構成」モデルを中心に紹介することとする。

(1) キャリアカウンセリング・プロセスの構成

ガイスバーズらは,カウンセラー教育の理論枠組みを提唱することを目標として,典型的なキャリアカウンセリング・プロセスの構成に関する調査を行ない,個別キャリアカウンセリングにおけるカウンセラーの行動あるいは役割を明確化した。彼等が提唱したモデルは,全プロセスを二部構成で,複数の下位段階から構成されるキャリアカウンセリングである。その骨子は以下のとおりである。

第一部:「クライエントの目標あるいは問題を確認し,明確化し,特定化する段階」
　　下位段階1:オープニング
　　下位段階2:クライエントについての情報収集
　　下位段階3:クライエントの行動の理解と仮説の設定
第二部:「クライエントの目標達成あるいは問題の解決の段階」
　　下位段階1:目標を立て,行動計画を作る
　　下位段階2:結果の評価
　　下位段階3:カウンセリング関係の終結

つぎに,このモデルに集約されたカウンセラーの行動目標(それはすなわち,クライエントが自分の行動目標として認識することでもある)を簡単に紹介してみたい。

1) 第一部:「クライエントの目標あるいは問題を確認し,明確化し,特定化する段階」
クライエントがカウンセリングに来た目的を達成するための基盤

作りの段階である。個別カウンセリングの意義は「二人と同じ人はいない」という人間の個別性に依拠している。そのために，ここではカウンセラーは，クライエントの心理的側面，別の言い方をすれば，「その人固有の内的世界」に注目することによって，クライエントが自分自身への洞察を深めていくことを最優先する。なお，誤解を避けるためにあえてここで強調しておきたいことがある。それは内的世界に目を注ぐこと自体がカウンセリングの目的なのではないということである。内的世界に目を注ぐとは，クライエントが何を思い，何を考え，何に悩み，何を願っているかをわかろうとすることである。クライエントの内的世界に目を注ぐのは，クライエントの行動に関する最善の情報源は「行動の主体であるクライエント自身」であると考えるからである。したがって，クライエントができるだけ正確に自分を語ることができればできるほど，現実的に問題解決に役立つ情報が得られるのである。そのためには，クライエントがカウンセラーへの信頼を深めてカウンセラーと自分自身に向かい合えることが鍵であるといわれる。そしてクライエントが信頼感と安心感を深めていくためには，ロジャーズ（1962）の言葉を借りるならば，「カウンセラーはクライエントの内的世界にとどまり，『あたかも』クライエントであるかのように」，クライエントの考えや感情，思い（情報）を理解することが鍵となる。

　クライエントが信頼すればするほど，自分の抱えるさまざまな問題や悩み，願いなどを次々に語ることは想像に難くない。しかし，もちろんカウンセラーは語られた「すべて」の問題や願いに対応することは不可能であるし非現実的でもあり，そうする必要もない。そこで，キャリアカウンセリングとしての目標を定めることはクライエントにとって意味がある。そのために，協力関係と責任の分担の意味を理解してもらいながら，今取り組まなければならない目標（問題解決）を明らかにすることを最優先にした行動をとる。

この部分はキャリアカウンセリングに固有なプロセスではなく，むしろすべてのカウンセリング・プロセスに共通する部分であり，この第一部を非常に重要視することが，教育やガイダンス，コンサルテーションとの違いといえるかもしれない。

　ちなみに，日本では，カウンセリングというと「積極的傾聴」とか「受容的態度」「基本的かかわり行動」を指すかのように受け取られるほどよく知られており，さらにカウンセリングマインドという言葉を生むほど，カウンセリング関係を作るのに不可欠といわれる態度（ロジャーズ）あるいはヘルピングスキルが流行している。しかしそれらは，独立した技法としてひとり歩きしており，時には，この部分のことをカウンセリングと誤解されることもあり，キャリアカウンセリング・プロセスのなかに統合されているとは言いがたい。

　また，キャリアカウンセリングの独自性が強調されるあまり，カウンセリング関係の命ともいえる第一部があまり重要視されない傾向もみられる。そこで，ここで，「カウンセラーが何に焦点を当てて行動できなければならないか」という観点から，第一部を下位段階に即して少し詳しく説明しておく。

①オープニング
そのために，カウンセラーは：
＊クライエントと「仕事をするための同盟関係」，「協働の精神」を発展させること
＊クライエントがキャリアカウンセリングを必要とした理由（目標あるいは問題）をみきわめていくこと
＊キャリア問題に関して，クライエントが経験している内的感情や考え，思いなどを聴き，理解するように試みること
＊クライエント—カウンセラーの責任分担と関係のあり方につい

て明確化し，具体的にすること

に焦点を当てる。

②クライエントについての情報の収集

具体的に，カウンセラーは：

* クライエントが自分自身，および他者をどのようにみているか，クライエントの世界観はどのようなものかを慎重に探索すること

* クライエントが自分の生活上のさまざまな役割，生活の場，遭遇する出来事などをどのように意味づけているか，その意味づけの仕方を知っていくこと

* クライエントが，自分を束縛したり障害となりうる，あるいは実際に束縛し障害として体験しているような個人的，環境的な事柄について考察すること

* クライエントが用いている意思決定の様式について考察すること

に焦点を当てる。

③クライエントの行動の理解と仮説の設定

そのために，カウンセラーは：

* クライエントの行動や情報を，キャリア理論やカウンセリング理論の構成概念を用いて理解し解釈することによって，クライエントが解決すべき問題や目標について仮説を立て，それに基づいて，介入行動を検討すること

* クライエントの行動に影響を及ぼしうる性別や年齢などの特定の要因について具体的に検討すること

* クライエントがどんなことに抵抗を感じているかをよく聴き，きちんと対応すること

に焦点を当てる。

キャリアカウンセリングのプロセスの第一部でカウンセラーが以上のような側面に焦点を当てるということは,「クライエント自身も」このような角度から自分を眺め,自分への洞察を深めて,自分の問題や希望や目標,カウンセリングに来た真の理由などが明らかになってくるということである。

クライエントが自分への洞察を深めることによって,明らかになってくる問題や課題,希望や目標は決して一つではない。むしろ複数の問題や課題が多様に絡み合い,複数の希望や目標が葛藤しているであろう。キャリアカウンセリングはこれらすべての問題を解決しようとすることではない。だからといって,この第一部の最初から,話を焦点づけ,キャリアカウンセリングで取り上げる範囲に限ることしか関心を払わないのも誤りである。できるだけ多角的に自己を調べ,洞察を深めることが,現実的な問題解決に向かって,具体的に行動がとれるようになる下準備となるのである。

2）第二部：「クライエントの目標達成あるいは問題の解決の段階」

キャリアカウンセリング・プロセスの第二部は,クライエントが目標に向かって「具体的な行動をとり」,目標を達成してカウンセリング関係を終結させる段階である。第一部が,クライエントの自己洞察を深め,クライエント自身の自己像を明確化し拡大していく段階であるとしたら,第二部は,具体的な目標に向かって,クライエント自身が行動するプロセスである。つまり,第二部は,「目標を立て,行動計画を作る段階」,「結果を評価する段階」および「カウンセリング関係を終結させる段階」から構成されている。

①目標を立て,行動計画を作る

クライエントがカウンセリングを必要とする原因となった問題や課題を解決したり,希望や目標を達成したり,あるいは障壁や偏見

を克服したりするために、クライエント自身が「今まず取りかかるべきこと」、すなわち目標を決め、それに向かっての具体的な行動計画を立てていくのを援助することに、カウンセラーは焦点を当てる。

ここでいう目標は、自己実現とか不適応行動の解消などという抽象的なものであってはならない。具体的に表現でき実行可能なものでなければならない。たとえば、「進路をどのようにして決めたらいいか方法を知りたい」という理由でカウンセラーのところに来たとしよう。第一部のプロセスを経て、今明らかになっていることは、「親の希望をかなえたい自分と自分の希望を捨てたくない自分の板ばさみになっているため、動けないということ。しかし、結論を出す時間も迫っているため、あせり、不安が高まっている」状態でいることに気づいたとしよう。その場合、たとえば「親と話し合うこと」を行動目標として立てることもできる。この目標はそれほど単純ではない。また、親が子供の希望を受け入れるか、逆に子供が親の希望に従うことで解決するとも限らない。親との話し合いに入る前に、「クライエント自身の希望の吟味と実現への道」についてクライエント自身が再検討しなおすことが必要かもしれない。もしそうであるなら、カウンセリングの目標は、まず、クライエント自身の「希望内容の吟味」とすることが望ましいかもしれない。その後で、「親との話し合い」を目標とすることもできる。

目標と行動計画を立てる段階もプロセスであり、目標をめぐってクライエント自身についての情報を収集する対話が行なわれる。一応実行可能な目標を定め、具体的な行動計画ができたら、クライエントはその行動計画を実行に移す。

②結果の評価

キャリアカウンセリング・プロセスのこの段階は、クライエントが行動計画をどのように実行し、その結果はどうであったかを自己評価できるように援助するのである。計画を実行する過程と、行動

の成果の両面から検討する。そして必要とあれば，もう一度行動計画を立て直したり，部分的に修正したりして，設定した目標（問題の解決，障壁や偏見の克服など）を達成するように援助する。

③カウンセリング関係の終結

最終的に，カウンセラーとクライエントは，カウンセリング・プロセスのなかで立てた直接の目標を達成したときに，カウンセリング関係を終結する。

(2) 代表的な技法

キャリアカウンセラーは，対話という土台の上で，いろいろな技法や資料を用いて全プロセスを進んでいく。すでに述べたように用いられる技法は，カウンセラーの理論的背景によっても異なるし，クライエントの状態によっても異なる。ここではその主なものを紹介しておく。

関連する心理テスト，
クライエントのキャリアに関係するナラティヴの分析，
読書療法，
職業・教育，労働市場などの情報の収集，
コンピュータ支援システムやインターネットによる情報システムの利用
職務経歴書の作成，
目標設定技法，
キャリア・人生ゲーム，
ロールプレーイング，
ホーム・ワーク，
ファンタジィ，
非論理的信念との対決，
ストレス対処法やアサーティブネスの訓練，

系統的脱感作,
などである。

(3) 学校場面での個別カウンセリング

カウンセリングとは,本来クライエントの方から自発的にカウンセラーを訪れることを前提としている。しかし日本の中等学校の進路指導では,基本的に担任教師が進路相談(キャリアカウンセリングと同意語と捉える)を行なう。このような体制のなかで,日本独自の個別キャリアカウンセリングの方式があるので,その主なものを紹介しておきたい(渡辺,1997)。

第一は,「定期面談」である。担任教師が自分のクラスの生徒と進路に関して,学期に一回行なう面接のことで,学校行事のなかに組み込まれている。定期面談は強制的であるため,多くの生徒は相談する動機づけも必要性も感じていない場合が多い。また教師との日ごろの関係如何で相談に発展しない場合もある。また,一人10分足らずと時間も限られているのが現状である。しかし,他方,定期面談が自発的カウンセリングへの導入となる可能性は高い。その意味では,定期面談であっても個別カウンセリングのプロセスの一部に位置づけることができるし,時間の限られた進路指導の現場においては有効でもある。

もう一つ学校でよく行なわれる相談に,保護者を交えて生徒と一緒に行なう「三者面談」という方法がある。これはいわゆるマルティプルカウンセリングに類似する。中心は生徒であっても,保護者も相談者であり,カウンセラー(教師)は,生徒あるいは保護者の代弁者になってはならない。むしろ生徒と保護者の間で対話ができるように介入することで生徒を支援することがカウンセラーの主たる役割である。特に進路指導においては保護者の考えや態度が進路決定に大きく影響するということから,定期的に行事化されている

場合と自発的な場合の両方がある。

マルティプルカウンセリングはクライエントが複数のため個別カウンセリングと異なるむずかしさもあるが，プロセスの構成は同じである。具体的な進め方については専門の書にゆずることとする。

2　グループ・キャリアカウンセリング

キャリアカウンセリングのもう一つの方法は，数人のクライエントを一つのグループとして一人のカウンセラーがカウンセリングを行なう，グループカウンセリングである。カウンセラーはカウンセリング以外の機能を果たす場合にもグループアプローチをとり，さまざまなグループワークを展開しているため，最近ではカウンセラーの関わるグループワークをすべてグループカウンセリングであると勘違いしている人も少なくない。確かに，グループカウンセリングもグループプロセスを生かすという意味でグループワークの一つではある。しかし厳密にいえばグループカウンセリングはグループガイダンスやサイコエデュケーショナルなグループワークとは目的を異にするので，本書ではそれらを区別する立場をとる。

グループカウンセリングを定義すると，メンバー一人ひとりが解決すべき自分の問題や目標への洞察を深め，その解決に向かって意思決定し，行動化するという目的をもつ。その意味で，個別カウンセリングの構成と基本的には同じである。グループカウンセリングにはグループとしての目標はない。あくまでも個々のメンバーがもっている目標を達成することが目標である。そのためにグループダイナミックスを活用するのである。したがって，カウンセラーはリーダーとしてグループよりも個々のメンバーを大切にする。また，グループメンバー間の相互作用は重要であるが，相互作用しやすい

人間関係を作ることが目標ではないことをしっかりと認識しておかなければならないといわれている。この点は、アメリカにおいてエンカウンターグループの流行とともにますます重要視された。グループカウンセリングでは、個々人の態度や考え方、感情や欲求、行動に焦点を当てながら、メンバー一人ひとりのキャリア発達を含む心理的発達を促進強化することを究極的目的とする。

グループカウンセリングは、個別カウンセリングとは違った有効性と効率性をもつ手段であるといわれてきた。有効性の面からいうと、カウンセラーとクライエントという一対一の関係の上に、グループメンバー間の相互作用があるということである。また、最近は特に、学校や職場でグループで活動することが増えてきているので、グループをとおして目的を達成できるようになることは意味深いことである。さらにグループは個人の自虐的あるいは非現実的考えや行動に気づいたり除去したりするのを容易にする。効率性とは、カウンセラーが一度に複数のクライエントと接することができることをあげることができよう。

しかし、グループとしての効果と効率をあげるためにはカウンセラーにグループダイナミックスを生かせるコンピテンシィと観察能力、メンバーを選ぶ力が一層求められる。グループ場面から恩恵を受けられるクライエントとそうでないクライエントがいることは事実である。ちなみに余りに理屈っぽい人とか、批判的態度の強い人はグループには向かないといわれている。また、解決すべき問題や課題が共通しているメンバーで構成されることの方が効果的であるので、カウンセラーはメンバーを選びグループを構成する責任がある。さらに、カウンセリングの目標を達成するためには、グループプロセスだけでは不十分な場合が多く、個別カウンセリングと組み合わせることがより効果的であるといわれている。その意味では、二つの方法をうまく組み合わせて用いることも、カウンセラーのコ

ンピテンシィといえるであろう。たとえば，個別カウンセリングの補完として，プロセスのある段階をグループで行なうこともできる。グループカウンセリングを主体として，個別カウンセリングを補完的に用いることもできる。

ここでは，カウンセリングプロセスのなかで，特にグループアプローチを用いることで，どのような機能が果たせるかを要約していきたい。

①自己理解と問題解決の促進

心理的に安心でき，支持的な環境を提供することによって，そのような環境のなかでグループメンバーの協力が深まり，クライエント一人ひとりが自分のキャリアおよび心理的発達を評価し，キャリアに関する問題や個人的葛藤，ジレンマのもつ情緒的側面への洞察を深め，自分の課題を解決するように行動を取ることが促進される。

②情報提供と活用

メンバー各人が，自分の職業や進路，その他の個人の心理的課題解決の選択肢をひろげるための情報を収集し，メンバー同士でそれらを共有し，さらに，一人ひとりが自分の問題解決に役立つように活用できるようにすることができる。

③動機づけ

メンバー各人が自分にとって実現可能な選択肢を複数探すことの重要性について理解するため，レディネスを作ることができる。

④教えること

選択・決定したり計画を立てる過程はたぶんに情緒的であって，知的に解説したり方法を教授したりするアプローチはほとんど役に立たないことは確かであるが，他方，進路選択は基本的に認知的であり，その意味では未知の情報や事態について教えることも意味をもつ。

⑤実際に行動してみる

グループは、いろいろな疑似体験や代理体験をとおして自分自身の行動の仕方を試す機会ともなる。たとえば、ロールプレーイング、ケーススタディ、ビデオ、討議などをとおして、各人が自分自身をそれぞれの場面に投影し、それぞれの場面で「自分がどのように感じるか」を分析し、さらに他のメンバーの感情に気づき、情緒的側面の発達も促進できる。

⑥態度の発達

個人の行動に大きな影響を与える態度や価値観、および自己イメージなどは家族や友達など、重要な他者との関係のなかで習い覚え、築かれるものである。したがって、グループは、自分の価値や態度、自己イメージなどを言語化し明確化し、さらに再吟味し、発展させるのに重要で有益な場である。

⑦探索する

グループは、発達段階や課題においてほぼ同程度の人々から構成されているので、メンバー一人ひとりにとって、安心して自分自身の経験を探索しあい、互いにフィードバックし、相互に分析しあえる場となる。

これらの機能は相互に関連しているものであるので、いくつかの機能を同時に生かすこともありうるし、次節で述べる他のグループワークでも生かせるものである。

3 その他の直接的介入:グループワーク

グループカウンセリングの他にも、キャリアカウンセラーはさまざまな場面でグループダイナミックスを効果的に活用している。伝

統的なグループアプローチとしては，グループ指導，グループガイダンス，そしてグループセラピィなどが代表的なものである。それらはどれもグループダイナミックスを応用している点では共通するが，効果を発揮する利用場面や目的において違いがある。少々古い資料ではあるが，1962年にゴールドマン（Goldman, L.）が提示した比較方法は示唆に富むと思う。彼がこのモデルを提示した当時はカウンセラーは主として学校教育場面を職場としていたので，学校場面に焦点を当てた表現になっている。そこで著者（渡辺）がキャリアカウンセラーの現状に合わせて表現を少し変えて作成したものが表5-1である。

ゴールドマンはグループの指導，グループガイダンス，グループカウンセリング，グループセラピィの四つの方法を，「対象として適した内容」と「プロセス」の二つの次元のマトリックスを作って，比較している。内容は，客観的な知識から個人の内面への連続線で分析され，三つのタイプに大別している。プロセスの次元も同様に没個人的なレベルから個人の内面のレベルへの連続を三つのレベルに分けている。また，三つのレベルは，具体的に「テーマの決め方」「主の方法」「強調と目標」「実施される環境」「結果の評価方法」の五側面に分けて比較できるようにしているが，「教育」から「治療」への連続線であり，これらの五側面は別の言い方をすればリーダー（ファシリテーター）としてのカウンセラーの介入の程度と解することもできる。

四つのグループアプローチはそれぞれ完全に独立しているわけではないので，このマトリックスで明確に位置づけるのは少々乱暴ではあるが，理解を深めるために，マトリックスの各セルの番号を使って大まかな位置づけを紹介しておきたい。まず，ゴールドマンによると，「グループ指導」は「1」「4」で，授業や研修で，客観的知識の習得とそれを通しての態度の変容を目的とした場面を思いおこ

表5-1 グループ指導,ガイダンス,カウンセリング,セラピーにおける内容とプロセスの関係

プロセス	レベルⅠ	レベルⅡ	レベルⅢ
テーマ:	リーダーが決める	リーダーとグループメンバーが協力して計画	メンバーの間から生まれる
方法:	講義,座学が中心	討議,パネル,プロジェクト,フィールドワークなどのグループワークなど	自由な話し合い,ロールプレイ,サイコドラマなど
強調点:	事象や技能の習得	個人の態度や考え	個人の感情や欲求
実施環境:	通常の授業や研修	グループワークのための特別な時間を設定	必要に応じて,必要に応えて
評価:	どのくらいたくさん知っているか	態度がどの程度変化したか	どのように行動するか
内容 タイプA 教科内容や知識,職業情報	1	4	7
タイプB 学校や職場生活に関すること(学校・職場生活の仕方,職業選択,学習の仕方)	2	5	8
タイプC 学校や職場に直接関係しないこと(交友・上司関係,親子などの諸人間関係,心理的葛藤やストレス対処,個人生活関連のことなど)	3	6	9

していただければわかりやすいであろう。次の「グループガイダンス」は「2」、「3」、「5」に当たる。いわゆるグループワークと呼ばれる活動は大体ここに位置する。「グループカウンセリング」は「6」、「7」、「8」で、個人の内面に焦点を当てる。最後に「グループセラピィ」は「9」であり、メンバー主導で進められ、一人ひとりの内的世界と行動の変容に焦点が注がれる。

　ここでは、キャリアカウンセラーが直接介入するグループワークの代表的なものとして、サイコエデュケーショナルなモデルにもとづいているサイコエデュケーショナル・グループと、計画されたプログラムとしてのグループワークを紹介する。ゴールドマンのマトリックスによれば、両方ともグループガイダンスに位置づく。

(1) サイコエデュケーショナル・グループワーク

　サイコエデュケーショナル・グループといっても、強調点の違いでいろいろなタイプのものがあるが、共通している特徴は特定の目標に向かって「構成されたグループ」であるということであり、その目標は、特定のスキル（たとえば、ソーシャルスキル、求職スキル、意思決定スキルなど）を教育訓練することである。サイコエデュケーションは、1973年に応用心理学者の役割の再検討がなされた学会で、アイビィとレパリュオト（Ivey & Leppaluaoto, 1975）が、カウンセラーの役割の新たな概念、すなわち、予防および発達を主体とするモデルとして初めて用いた概念であると報告されている。それまで専門家だけが所有していた援助機能（問題解決や目標達成のためのいろいろな援助的スキルや方法）を、できるだけ多くの人々に教えることによって、問題行動を予防し、かつ心理的発達を促進させることを目指す概念である（Herr, 1981）。ゴールドシュタインらは次のように述べている。

典型的なサイコエデュケーショナルなグループワークは一種の教育訓練の機会である。そこでは，何らかのスキルが不足しているグループメンバー（クライエントとか生徒学生，従業員）は，スキルをもった有能な行動の例を見せてもらい，それらを自分たちでリハーサルできる機会を与えられ，その結果についてシステマティックにフィードバックしてもらい，その結果，勇気をもって，現実の生活場面で新たに習得したスキルをいろいろな方法で活用するように支援される。(Goldstein, Shafkin *et al.*, 1980)

さらに，サイコエデュケーショナル・モデルでは次のような構成的学習の方法が用いられると紹介している。すなわち，

モデリング：直接あるいは視聴覚教材を用いて，身に付けるべきスキルをもっている人（モデル）がどのようにそのスキルを生かすかを，多様な例をとおして見せる

ロールプレーイング：モデルとして示された行動を実際に試してみる

パフォーマンス・フィードバック：ロールプレーイングに対して積極的なフィードバック，承認，あるいは賞を与えることによって，モデルの行動に段々に近づけるようになる

訓練の応用：新たに学習した行動を教室や職場，家などで実践できるように，訓練から現実への橋渡しをする方法，手段を提供する

(2) 計画的プログラムとしてのグループワーク

計画的プログラムとは，キャリア・グループカウンセリングとサイコエデュケーショナル・モデルのバリエーションである。具体的な例としては，キャリア教育とか，ストレスマネージメント，問題

解決，不安軽減，自己責任の取り方，自己尊重感の高揚などを目的としたプログラムである。

計画的プログラムとは，プログラムの目標，つまり，結果として参加者には行動的変化が期待できるかを明確化させ，その目標を遂行するために，理論と実践を体系的に結合させて，具体的な行動で表現されるものである。キャリアカウンセラーの行なう実際の例としては，目的に合わせて，対人コミュニケーション，怒りの感情の管理，アサーティブネス，意思決定，価値観の明確化，リラクゼーションなどのスキル訓練を取り入れているものが多い。キャリアカウンセラーの直接的介入としてのこの「計画されたプログラム」はどちらかというと予防およびクライエントの問題を矯正することに強調点が置かれているといってよいであろう。

1) ジョブクラブ

カナダで成功し，いまでは他の国々にも紹介されている高齢失業者を対象とした「ジョブクラブ」というグループワークがある。これはカナダで始まったものではなく，アメリカのカウンセリング心理学者であるアズリンら (Azrin *et al.,* 1980) が開発したキャリアグループワークである。もともとは就職が非常に困難なクライエントを対象とした，行動主義カウンセリングを背景とした職業探索プログラムである。彼等の主な対象者は，高齢者ではなく，むしろ，犯罪歴のある人，生活保護受給者，心身障害者，高校中退者であった。そのクライエントに共通しているのは，さまざまな社会的障害や過去のネガティブな生活体験がもとで，職業選択行動が身に付いていないだけではなく，自尊心も，働く意欲も失った人々であった。

アズリンらは，「失敗は，必要な行動を学習していないか，あるいは非効率的な行動を学習してしまっているのであり，失敗が予期不安をもたらし，そのために非効果的行動や不適応行動を引き起こし，

ひいては自尊感情がもてなくなる」という考えに立ち，必要な行動を段階を追って一つひとつ学習するのを促すプログラムを開発したのである。そして，プログラムが進む過程での強化づけ（他者からの承認や成功体験）が自信を回復させることが不可欠と考えた。社会的障害をもつ成人にグループプロセスを用いた利点は，プログラムに一緒に取り組むなかで，相互に教えあい援助しあうことができ，その結果自尊心をもてるようになるし，安心してソーシャルスキルも学習できるということであった。

高齢就職者の多くは，過去の経験が生きず，長期失業状態や度重なる不採用経験，失業ゆえの友人・家族関係の希薄化，孤立感の増大のなかで，自尊心を失っていく場合が多いこと，また，就職に必要な行動（事業所への電話のかけ方，求人情報の読み方，採用面接の受け方など）は忘れてしまっていたり，知らないために就職に至らない人が多いということであった。その意味では社会的に障害がある人々と共通するところがある。またこのプログラムを「ジョブクラブ」と名づけたことにも主催者の配慮がうかがわれる（松本，渡辺，1997）。クラブとは，欧米では，同じ目的をもった人々による相互補助の社交的集まりを意味するから，それだけで所属する場を得た喜びを経験できることが予想できる。このグループを指導するのがキャリアカウンセラーである。ちなみにジョブクラブに所属できるのは3ヶ月であり，その間のプログラムは実施者によって体系的に計画されている。その間に就職できる人が70％はいるそうだが，就職後も3ヶ月が終わるまではプログラムに参加することになっている。就職先を見つけることだけが目的ではなく，職業人としての態度やスキルを身に付けさらに就職業の定着行動を支援する。また，未就職の仲間にとってはよいモデルともなるのである。

2）統合的ガイダンスプログラム

1980年代以来アメリカのスクールカウンセラーたちには，すべての生徒を対象として，キャリア発達を促すことを目標とした体系的なガイダンスプログラムを計画，開発し，それを運営できるようになることが強く求められるようになった。そのため，アメリカ連邦教育局と労働省は協力して職業情報のネットワーク化をはかるとともに，カウンセリング心理学者を顧問として招き，スクールカウンセラーの再教育プログラムの開発と運営に乗り出した。そこで改めてキャリア発達をコンピテンシィで表現し，それらを段階的に育てるための体系的プログラムのモデルを提唱した。著者（渡辺）と研究グループは文部省の委託を受け，小学校から高校までの12年間にわたるキャリアガイダンスの概念モデルを構築し，計画的ガイダンスプログラムの理論的枠組みを提唱した。これから実践するための具体的プログラムつくりにはいるところである。

アメリカの大学のガイダンスセンターも，ガイダンスを就職前の一時的援助としてではなく，一連のプロセスと捉え，さまざまなスキル訓練や情報提供などさまざまな活動を統合し，キャリア発達を理念として，体系的で計画されたプログラムとする努力が払われている。インターンシップも産学協同の学習もガイダンスプログラムの中に位置づけられている。

産業界においても，従業員の能力開発，キャリアデベロップメント（キャリア開発）支援プログラム，退職準備講座，メンタルヘルスのための相談の機会の拡大，その他いろいろな雇用者支援プログラム（EAP）など，カウンセラーが関与できる活動に関心が高まっている。これらはどれも意味のあるものである。しかし，これらが，雇用者が，職務不満足感や将来への不安を軽減させたり，働く意欲や学習意欲を高めて，自分自身にとっても産業界にとっても有意義な職業生活を送れるようになるのを支援する活動となるためには，

個々のプログラムを総合的視点にたって関連付け，体系的で計画的なプログラムとして統合させる必要があるといわれている。そうすることで，それらの活動に参加する人々自身も経験を統合できるからである。これこそ企業におけるキャリアガイダンスプログラムといえるであろう。

産業界の場合も学校教育の場合も，カウンセラーは総合的なキャリアガイダンスプログラムの開発から運営に積極的な役割を果さなければならないはずである。しかし，ガイダンスプログラムの目的を達成するためには，その中核としてキャリアカウンセリングがあることも忘れてはならないと思う。

第6章

キャリアカウンセラーの養成
――カウンセラーのコンピテンシィ――

　キャリアカウンセラーを含むすべてのカウンセラーが一つの独立した専門職であるためには，その職業の目指す目標（社会的役割）の明確化とともに，その目標を遂行するために必要な知識と技能，倫理的規約を習得できるようにする「体系化された養成・教育プログラム」が公けにされていることが不可欠である。事実，カウンセラーを一つの専門職として受け入れている多くの国においては，大学院レベルの体系的なプログラムが開発され，運営されている。しかし他方で，カウンセラーという言葉が存在し，それを職業とする人がいる国すべてにおいて，それが実現できているわけでもない。もちろん，後者に属する国々においても，カウンセラーという職業が，単に個人の人生経験や体験で実践できるものではないことは認識されており，カウンセリング理論や特定の技法に焦点を当てたセ

ミナーが盛んに行なわれている。日本においても、キャリアカウンセリングへの関心の高まりにともなって、各機関でキャリアカウンセラーの研修会が企画され、修了者にはそれぞれの団体が認定書（資格）を出している。

キャリアカウンセラーが専門職化されるプロセスにおいてはやむをえないことかもしれないが、それら多くの研修は体系化されているとは言いがたいし、指導者の多くも自己の体験や理論の枠にとどまり、自己研鑽を積むことで研修を行なう場合が多いように思われる。体系的ということは、プログラム全体が、育成すべき目標に向かって、内容が順序立てられ、相互に関連づけられ、統合されていることである。そのためには、各授業で取り上げられるべき内容は決まっており、指導者が変わっても、教えられるべき内容は継承されている。その意味ではプログラムに関与する者（指導者）はすべてがプログラム全体を知り、自分の位置づけを認識し、他の教科目などとの関連を考慮しながら、自分の担当を実行するはずである。言い換えれば、研修を行なうものは指導の仕方、いわゆる教授法を身に付けていなければならないのである。日本の現在のキャリアカウンセラーの研修は、独立した講義やワークショップの集合体的なものが多いように見受けられる。

カウンセラーへの期待が高まり、この職業に就きたいという希望をもつ人が増加するにしたがって、人を援助したい心をもつ人、企業で永年人事や教育に携わった人なら誰でもキャリアカウンセラーになれるという現状への疑問も他方では高まりだしており、「有能なキャリアカウンセラー」つまりコンピテントなカウンセラーが、社会的関心事になりだしていることも事実である。なかでも、この変化の激しい社会情勢のなかで「真に、働く人を支援できる」キャリアカウンセラーの必要性が強まってきた日本社会においては、もはや「永い教職経験や、企業での人事・教育経歴のある人なら誰でも

キャリアカウンセラーになれる」時代は終わろうとしている。また，もはや，他国で成功しているプログラムをそのまま移入すればすむ時代でもない。単発のセミナーだけでも発展性が見られない。今こそ，独立した体系的な教育プログラムに従ったキャリアカウンセラーの養成が待たれるのである。

では，日本社会で有能に働けるキャリアカウンセラーを育てるためには，どのような教育プログラムが必要なのであろうか。プログラム開発というと，教えるべき「内容」（教科目）を並べればできるものではないことはすでに指摘したとおりである。効果ある教育プログラムを作るためにはプロセスがある。また，それを実行に移せる人材が必要である。

プロセスの第一段階は，「どういうカウンセラーを育てたいのか」を明確化することである。言い換えれば，「われわれは，キャリアカウンセラーにどのような機能を果たしてもらいたいのか，どのような成果を期待するのか，またキャリアカウンセラーにどのような場所で，誰を対象として働いてもらいたいのか」を明確にすることである。これらが明確になってはじめてプログラムの内容は体系的に組み立てられるはずである。

そのうえで，「誰が」「どのような方法で」「誰に対して」プログラムを実施するのかも考慮しておかなければならない。さらに，そのプログラムを評価し改訂できる人が必要である。プログラムを実施する指導者（カウンセラー教育者）は，プログラム開発者であり評価者でもなければならない。

日本におけるキャリアカウンセラーの教育プログラムの開発にあたっては，日本の文化的社会的背景はもとより，教育体制や産業界の雇用慣行などを考慮し，かつ，キャリアカウンセラーに対する期待に応えるものでなければならないのは当然であろう。しかし，ここで一つの障害に直面するのである。それは，すでに述べたように

日本社会には他の国々には見られないようなゆがんだ「カウンセラー」イメージが流布しているということである。そのイメージに基づいてカウンセラーに対する社会の期待ができあがってしまっているので、カウンセラーおよびキャリアカウンセラーへの期待は非常に限定的なものになっているのが現状である。だからこそ、日本において、キャリアカウンセラーの体系的な教育プログラムを開発する努力は、単に個々のカウンセラーを育てるだけではなく、キャリアカウンセラーそのものに対するイメージを再構成し、社会のキャリアカウンセラー、もっとひろく、カウンセラー全般の独自な機能について社会の認識をあらためさせる、教育的・社会的任務を果たすことにもなると強く感じる。

そこで、ここでもまた、アメリカのキャリアカウンセラーの教育プログラムを参考にしてみたい。

1 アメリカのキャリアカウンセラー教育プログラム

すべに述べたように、キャリアカウンセラーを育成するプログラムの内容は、日本のさまざまな独自性を反映していなければならない。しかし、だからといって、他の国の関連学会や専門家集団が構築したものがまったく役に立たないわけでもない。ヒントは得られるはずである。キャリアカウンセラーの必要性を共有しているわけであるから、われわれの参考になることも少なくないと思う。

ちなみに、最近日本においてキャリアカウンセラーの必要性が高まるにつれて「アメリカのキャリアカウンセラーの教育を参考にしたい。アメリカには、カウンセラーではなくキャリアカウンセラーの教育プログラムがあると聞いている」と問われ、その内容を質問されたり、「アメリカのどこに行けば、そういうプログラムが入手で

1 アメリカのキャリアカウンセラー教育プログラム

きるか」とたずねられ，とまどうことが多くなった。著者（渡辺）は今のところ次のように回答している。「アメリカにはキャリアカウンセラーに限った教育プログラムは存在しない。アメリカにおいて専門職としての資格や州の免許をもって働くキャリアカウンセラーは，大学院修士課程でのカウンセラー教育プログラムの修了者であることが最低条件である。まずはカウンセラーとしての教育を受けることが前提である。アメリカの場合，関連学会が大学院の教育内容を定め，定期的に評価するが，そうした評価に合格した大学院のカウンセラー教育プログラムでは，キャリアカウンセリングに関する訓練は必修なのである。したがって，カウンセラー教育で修士号をとればキャリアカウンセラーとして働く最低の条件を修得していることになる。それだけカウンセラーとキャリア問題は密接な関係にあるのである。したがってアメリカでキャリアカウンセラーの教育を見聞きしたかったら，カウンセラー教育コースをもつ大学院に行くことである。もちろん，アメリカには種々のセミナーや講習会が絶えずどこかで行なわれている。そのうちには，すでに修士号をもっているカウンセラーを対象とする継続教育的なものもあれば，キャリアカウンセラーの補佐的機能を果たす人々を対象としたセミナーもある。期間も数時間のものから10週間以上継続するものなどさまざまである。最近では，キャリア問題やキャリア発達に関わるさまざまな支援を包括してキャリアサービスと呼ぶようにもなっている。そこで，アメリカのキャリアサービスに携わる人々の訓練に関心がある人は，それぞれの研修プログラムの対象者や目的の違いを認識し，それを明確にしたうえで，日本にもち込んでほしい」と。

アメリカには，キャリアカウンセラーを補助する準専門職がいくつかある。日本にはまだ紹介されていないが，キャリア・ライブラリアンという職業もその一つである。その主たる仕事は，カウンセリングセンターなどで，カウンセラーやクライエント，生徒や地域

の人々などに対して，職業情報や教育・訓練情報など種々のキャリア情報の収集，更新，分類をしたり，利用者に直接必要な情報を紹介したり，探索の援助をしたり，時にはコンピュータ支援ガイダンスの使い方を説明したりすることである。その他に最近日本にも紹介されたキャリア発達支援者（career development fascilitator: CDF）も，キャリアカウンセラーのもとでカウンセラーの機能の一部を受けもつ人である。しかしこれは前者と違い，資格認定を得るために12週間のCDF用の教育プログラムを受け，資格試験に合格しなければならないものである。とはいってもキャリアカウンセラーに代わることはできない。CDFを創設した背景には，1990年代のアメリカの経済的不況に端を発した失業者の急増がある。当時アメリカでは再就職支援のためのさまざまなプログラムが開発され，多くのカウンセラーがそれらに関わった。CDFもその一つである。アメリカ教育省，厚生省，労働省が共同で設置したNOICC（National Occupational Information Committee）が，クリントン政権の指揮のもとで開発したプログラムであり，主として地域のワン‐ストップ・キャリアセンター（従来の雇用センターに代わるもので，役割が単に職業紹介だけでなく能力開発の指導支援も行なう。日本の職業安定所にあたる公的機関）の開設に伴い，職員の能力向上のため資格認定を目指している。この資格は，キャリアカウンセラーの機能のうちの「キャリア発達の促進を援助する機能」に焦点を当てたものであり，CDF自身はカウンセリングは行なわないが，専門的支援を必要とする人々がカウンセリングを受けやすくするように働く。つまり，カウンセラーへの橋渡しをする。そのために基本的なヘルピングスキル（関係作りの力）は有している。アメリカには現在20万のキャリアカウンセラーが存在するが，決して十分ではない。かといってキャリアカウンセラーには上述した専門職としての条件があるので急増はのぞまれない。他方，経済状態の悪化に伴って発生

した失業や不完全雇用，技術革新に伴う職場不適応，離転職，退職などはごくふつうの職業人が直面するごくふつうの問題となっている。求人を確保するのも困難であるが，また，求人を増やせば問題が解決するわけでもない。求人だけで対処するのは，対症療法的で，問題の先送りでもある。多くの職業人の「キャリア発達を促進させること」にもっと焦点を当てることこそ，中・長期的にみた問題解決策として必要である，という理念に基づいて始まったプログラムであり，このプログラムの開発，運営，指導には著者（ハー）も加わり，多くの指導的な立場にいるカウンセリング心理学者が関わっている。アメリカではCDFの人々は，カウンセラーと協働しているのが実状である。

日本とアメリカの間には，さまざまな違いも存在するが，基本的に自由主義を背景として，個人の生活に対する個人の責任と自由の権利の保証，さらにはライフスタイルの多様化，産業・経済の個人に与える影響，個人と仕事の関係やキャリア発達の過程，移行期における個人への負担の増大化など，基本的に非常に似かよった方向に向かっている。そこで，アメリカのキャリアカウンセラーに求められるコンピテンシィと，それを育成するプログラムは，日本においても参考になると思われる。

そこで，本章では，アメリカで承認されている二つの組織が提唱したカウンセラー教育プログラムを紹介したい。

(1)「カウンセリングおよび関連する教育プログラム認定評議会（The Council for the Accreditation of Counseling and Related Educational Programs: CACREP）」の勧告

この評議会は，アメリカ心理学会が設置し，カウンセラー教育のプログラムを審査・認定する最も権威ある組織である。カウンセラー教育を行なう大学院は，この評議会の認可を得ているかどうかで

社会的信用と評価が大きく異なる。ここでは，CACREPが「修士レベルのカウンセラー教育プログラム」の認可条件として掲げた内容を紹介してみたい。ちなみに修士レベルのカウンセリングとは，コミュニティカウンセリング，結婚・家族カウンセリング，メンタルヘルスカウンセング，学校・高等教育でのカウンセリング，キャリアカウンセリングなどを専門とする実践家を意味する。

カウンセラーという専門家を志す人への教育は，必修カリキュラムと選択カリキュラムとに分かれている。前者は8領域とスーパーバイザーのもとでの現場実習からなっている。カウンセラーとして，各々のカウンセラーは専門特化した分野（学校や大学，医療，コミュニティ，リハビリテーション，メンタルヘルス，雇用，職業，結婚と家族，災害，高齢者，死）などを決めるが，必修カリキュラムとは，専門特化する分野に関係なく，カウンセラー教育プログラムへの入学者すべてが，「カウンセラー」となるために履修しなければならないものである。CACREPは，必修カリキュラムの上に，選択カリキュラムを設定し，そこで，専門領域に特化した専門的学習をすることを要請している。

ちなみに，ここでは「必修科目」ではなく「必修カリキュラム」という言葉を用いていることに注目していただきたい。これはコンピテンシィを基盤とした教育の特徴の一つである。つまり，科目単位で考えないのである。「どの教科目で何を教えるか」から発想するのではなく，「何のために」「どんな能力が必要か」という目標を先に立て，そのあとで「その能力を身につけるためには，なにを教えるべきか」と思考するのである。そのうえで，どの教科目（一つとは限らない）が役に立つかを検討するという過程を経て，プログラムができあがるのである。したがって，大学院案内を比べるとプログラムの説明のしかたや教科目名が異なるかもしれないが，学習する内容は非常に似通っている。

「必修カリキュラム」は，次の8領域から構成されている。

領域1：人間の成長と発達
　全人的視点に立って，生涯発達段階における個人の諸特徴の理解を深める研究領域（知的発達と学習，パーソナリティの発達，社会的発達，個人と家族の発達，生涯発達と移行期などについての諸理論），および精神病理についての基礎的理解もここに含まれる。

領域2：社会的・文化的基礎
　多文化理解を中心として，年齢，人種，心身の障害，社会経済的状況などの個人への影響などについての理解を深める領域

領域3：援助関係
　カウンセリングの諸理論，カウンセリングプロセス，コンサルテーションプロセス，面接，評価，カウンセリングスキル，援助プロセスに影響する諸要因についての理解を深める領域

領域4：グループワーク
　グループの発達，グループダイナミックス，グループカウンセリングの方法とスキル，その他のグループアプローチへの理解を深める領域

領域5：キャリアおよびライフスタイルの発達
　キャリア発達の諸理論，意思決定モデル，教育や労働市場に関する情報源，キャリア発達プログラム設計，就職とその後の指導，仕事とその他の生活役割との関係などの理解を深める領域

領域6：測定・評価
　個別および集団を測定・評価，評定に関する理解を深め，か

つ,そのために必要な知識と能力(個別・集団心理テストの選定と実施方法,利用など)を高めるための領域

領域7:調査研究およびプログラム評価
　調査研究の諸方法,基礎統計学,調査研究に伴う倫理的および法的知識の理解を深める領域

領域8:専門家としての準備
　カウンセリングの歴史,役割,専門家団体,倫理綱領,資格,組織運営とアカウンタビリティなど,専門家として機能するのに必要なすべての課題についての理解を深める領域

　必修の8領域の一つに,「キャリアおよびライフスタイルの発達」という領域が含まれているのに驚かれる方もあるかもしれない。しかしここにアメリカのカウンセラーの独自性が現れているのである。カウンセラー教育を受けたものなら誰でもキャリアカウンセリングの基礎的知識とスキルも学習しているということである。

　なお,カウンセラーとして,キャリアカウンセリング領域を専門としたい人は,選択領域でキャリアカウンセリング関連の知識とスキルに関連のある領域を選択し,専門性を高める。つまり,キャリアカウンセラーを目指す人は,カウンセラーとしての基礎の上に立って,少なくとも次の4領域での学習が求められる。

専門領域1　キャリアカウンセリングの基礎
　このカリキュラムの焦点は,
　・キャリアカウンセリングの歴史と変遷,背景にある哲学
　・キャリアカウンセラーの職場とその役割,機能,資格,および他の専門家との関係
　・関連の政策,法律,規則
　・キャリアカウンセラーのコンピテンシィ,教育の規準

・社会文化的背景や生活スタイルの多様性についての理解

などについての学習にある。

専門領域2　キャリアカウンセリングの文脈的諸側面

このカリキュラムでは，

・学校，産業界，コミュニティなどの環境と人々の生涯キャリアとの関係において必要とされる行動についての知識
・キャリア発達およびカウンセリング・プログラムのための，アセスメントをはじめとする種々の介入方法
・公式・非公式のキャリアカウンセリングサービスの機会についての知識
・種々の専門機関（例：メンタルヘルスやキャリア情報に関する機関）に適切に，クライエントをリファーするのに必要な知識とスキル

に焦点を当てる

専門領域3　キャリアカウンセリング実践のための知識とスキル

次の三つの領域に関して，キャリアカウンセラーに特に求められる内容が示されている。

①コンサルテーション

・コンサルテーションの諸理論，方策，方法に関する知識とそれらを活用する能力
・雇用主やビジネスの人事専門家，地域社会，教師，保護者そして一般市民へのコンサルテーションの実践
・キャリアカウンセリングの目標や成果などについて，キィパーソンを説得する能力
・キャリア発達プログラムの開発と実践に必要なスキル
・キャリア発達プログラムやコンピュータ支援のキャリア情報システムなどの活用に関して，他の専門家，パラプロフェッショナル（準専門家）などを教育する方法

②調査研究と評価

統計学，統計的手続きを用いて，キャリアカウンセリングやキャリア発達に関する調査研究，キャリアカウンセリングのプロセスや効果性に関する研究をデザインし，実施し，かつ，その成果を公表するのに必要な知識とスキル

③倫理的・法的問題

多様なクライエント（特に女性，移民，心身に障害をもつ人々）とのキャリアカウンセリングの実践やコンピュータ支援ガイダンスの利用において問題となる倫理的，法律的課題についての理解などに焦点を当てる。

専門領域4　臨床経験（インターンシップを含む）

CACREPでは，キャリアカウンセラーの育成のためには，スーパーバイザーのもとでのカウンセリング面接実習と最低600時間のインターンシップを経験することが望ましいとしている。実験室実習，実習，およびインターンシップという継続的段階的な臨床経験をとおして，臨床的スキルを磨き，クライエントとのカウンセリングに自信がつき，また専門家としての倫理的行動の意味を理解するようになる。

これらの専門家としての感覚や態度は座学では学び得ない。専門家として働くためには，医者と同様，スーパービジョンを受けながら，自分のスキルと知識を実際の場面で現実の問題に応用する機会がなければならない。

(2) 全米キャリア発達協会（National Career Development Association）の勧告

日本におけるキャリアカウンセラーの教育プログラム開発においてヒントを与えてくれるもう一つのプログラムは，全米キャリア発

達協会のキャリアカウンセラーのコンピテンシィに関する勧告である。この協会は，かつては全米職業指導協会（National Vocational Guidance Association）という名称で，日本でも進路指導関連の専門家の間ではよく知られており，キャリアカウンセリングとガイダンスの専門団体として，1919年に創設された世界でもっとも古い専門家集団であり，常に世界的にリーダーシップをとってきた。

この協会は，1980年代，「専門家としてのキャリアカウンセラーなら最低限もっていなければならないコンピテンシィは何か」という視点からの検討を繰り返し，時代の要請に応えるキャリアカウンセラーの教育プログラム構築のための枠組みを，1991年に発表した。その内容は，次に示す10の具体的分野における必要最低限のコンピテンシィという形で提示された。ちなみに，これらの提言は，上述のCACREPのカウンセラー全般に求められるコンピテンシィを背景として，キャリア関係を詳細に説明したものである。

1）キャリア発達理論
キャリアカウンセラーを目指す人々は，次の内容領域でコンピテンシィがあることを実証できること
　＊カウンセリングの諸理論と関連の諸技法について理解していること
　＊キャリアカウンセリングの理論的モデル，関連のカウンセリング技法と情報技術について理解していること，また，これらについてさらなる学習をするための情報源を知っていること
　＊生涯をとおして個人が対峙する発達的課題について理解していること
　＊特別配慮を必要とする人々（女性，高齢者，障害をもつ人々，文化的マイノリティなど）とのキャリアカウンセリング，およびキャリア設計と選択・決定，就職を支援するために必要な情

報や技法，またコンピュータ支援ガイダンスシステムやキャリア情報提供システムなどについて理解していること

2) 個別およびグループカウンセリングのスキル

アメリカでは，通常，キャリアカウンセリングを学習するに先立って，カウンセリング全般に共通するスキルは習得している。しかし，そのような状況にあるとは言いがたい日本などの場合には，まずは一般的な個別カウンセリングのスキルを学習することが非常に重要である。

つまり，キャリアカウンセラーのみならず，すべてのカウンセラーは，個人およびグループの各メンバーと建設的な個人的カウンセリング関係を発展させることができなければならない。具体的にいえば，キャリアカウンセラーは，クライエントが自分の問題や悩みを安心して自由に話せるような雰囲気をクライエントとの間に作り，効果的に働けるカウンセリング関係を樹立しながら，クライエントがカウンセリングをとおして自分で到達したい目標を明確にするのを援助でき，クライエントあるいはグループの要求，心理的状態，発達的課題などを考慮して，彼等に最も役に立つ援助方法を選び決定する能力をもっていなければならない。

そのうえで，一般的なカウンセリング・コンピテンシィに加えて，キャリアカウンセラーは，キャリア問題に特有のカウンセリング・コンピテンシィももち合わせていなければならない。たとえば，クライエントが，自分のキャリアと関連する自分の特徴，家庭的文化的背景および社会的状況がキャリアにどのように関連するか，クライエント自身の意思決定の状況，自分の労働価値観やさまざまなステレオタイプ，他の生活全体のなかでの仕事の位置づけなどについて明確化していくのを援助できるような，種々の技法を計画的に実施する能力が必要である。

したがって，キャリアカウンセラーは単にクライエントの話を聞いて問題を整理したり，あるいは情報を提供したりするだけではない。時には，クライエントにとって必要な情報を選び，それを提供することで，クライエントが別の役割に移っていく準備ができるように挑戦したり，勇気づけたり，具体的な行動プランに協力したりしなければならない。

3）測定と評価（個別および集団）

第5章で指摘したように，キャリアカウンセリングでは評価と測定は非常に重要な要素である。したがって，カウンセラーは，心理テストについての全般的な知識をもつことは当然であり，テスト得点の信頼性と妥当性の概念，テストの使い方，選び方，結果の生かし方，結果の伝え方，第三者への結果の開示の仕方などについての能力をもたなければならない。

4）情報およびリソース

文字，映像，インターネットなどさまざまな手段による職業，労働市場，教育・訓練などの基本的情報とその情報を入手する手段や場所（情報源）についての知識とその使い方について精通しておくことが不可欠である。

5）プログラムの管理と実践

キャリアカウンセラーにとって，キャリア発達を促進させるための組織だったプログラム（CDP）は，支援の主要な手段となっている。したがって，さまざまな状況に適した，総合的なキャリア発達プログラムを立案，開発，実施，管理運営するコンピテンシィは必要不可欠となっている。

これらのコンピテンシィは幅広い知識を背景としている。たとえ

ば，キャリア発達プログラムを組織化するためのプログラム設計の知識，ニード分析・評価の技法と実施に関する知識，組織論やリーダーシップ論，キャリア発達プログラム（CDP）の実施に影響を与えかねない個人的・環境的障壁についての知識，特別な配慮を必要とする人々に合わせて，プログラムを修正する知識などである。

さらに，キャリアカウンセラーは，キャリアセンターの組織を管理運営できなければならないし，キャリアプログラムの中に，教師やその他の専門家，準専門家（パラプロフェッショナル）たちのスキルを統合して，協力してプログラムが実行できなければならない。また，そうした協力者のキャリアカウンセリングをスーパービジョンしたり，組織を代表して予算の執行や記録，広報などを実行できなければならない。

6）コンサルテーション

コンサルテーションにはいろいろな形態があるが，共通していることは，キャリアカウンセラーが各種キャリアサービスの実施に関して影響力をもつ個人や組織と効果的に関わっていく時に，カウンセラーにとっての基本的な知識とスキルが生かされることである。

コンサルテーションに必要なコンピテンシィには，

＊コンサルテーションの理論，方法，モデルを実践できる力
＊クライエントのキャリアに影響を及ぼしうる立場の人々（例；保護者，教師，雇用主，産業界，専門家集団，地域社会の人々，一般大衆）と，生産的なコンサルテーション関係を結び，維持する能力
＊産業界，専門家集団，地域社会や一般大衆，さらに関連の分野でのキィパーソンに対して，キャリアカウンセリングの目標とその成果を納得させられる能力
＊キャリアカウンセリングはキャリア発達プログラムなどの費用

対効果比をデータで示せる能力などが含まれる。

7）特別な配慮を必要とする人々

　産業構造の変化や国際化の影響を受けて，キャリアカウンセラーは特別な配慮を必要とするさまざまな人々にも直接関与するようになっている。日本の現状では，たとえば，中学卒業後就職する人，高校中退者，高齢者，再就職希望の女性，障害をもつ人，外国人労働者，離転職を繰り返してきた人々，突然解雇された中年労働者などであろう。キャリアカウンセラーはこれらの人々の特徴とニーズに合った支援体制をつくるコンピテンシィが必要である。

　具体的に必要なコンピテンシィをあげると，
＊発達的視点から見た課題，彼等が経験している内的葛藤や欲求，および，キャリアカウンセリング・プロセスで表出される抵抗や防衛に敏感であること
＊働けなくしているさまざまな条件，働くことへのレディネスや仕事の出来栄えに対する彼等の感情，および適した支援を選ぶことに対してセンシティブであること

8）スーパービジョン

　キャリアカウンセラー自身，雇用主や上司のスーパービジョンを受けることがあるが，他の人をスーパーバイズすることもある。スーパーバイズする場合，キャリアカウンセラーは，スーパーバイジィの行動を厳格に評価でき，専門的スキルを維持，向上させられ，必要とあれば他の人の支援を受けられるような知識とスキルが必要である。

　スーパービジョンに必要なスキルとしては：
＊スーパービジョンの理論やモデルを理解していること
＊相手の経験のレベルに応じた効果的なスーパービジョンができ

る能力
* カウンセラースキルを維持,向上させるために,定期的にスーパービジョンを活用できる能力
* キャリアカウンセラーとしての自分自身の限界を認識し,スーパービジョンを受けたり,もっと適した人にクライエントを依頼する能力
* 自分のクライエントやカウンセリング,またキャリアカウンセラーとしての自分の専門的成長のために,同僚やスーパーバイザーに相談(コンサルテーション)することができる能力

9) 倫理的および法的問題

キャリアカウンセラーが専門職として存続し,専門家として活動するためには,倫理綱領および法律に従って行動することは非常に重要な要素である。これに関連するコンピテンシィとは,最近話題になっているカウンセラーに関係する倫理的,法的問題について適切に対処し,直接的,間接的に関連する倫理綱領を理解していることである。日本においては,産業カウンセラー協会および日本カウンセリング学会がそれぞれの認定カウンセラーのための倫理綱領をもっている。

10) リサーチと評価

キャリアカウンセラーは,キャリアカウンセリングが拠って立っている科学的基礎の枠の内で働き,その枠を発展させようとしている。したがって,自分の仕事に関係する分野におけるリサーチと評価に関して理解でき,かつ自分でも調査研究,評価が行なえなければならない。そのためには次のようなコンピテンシィが必要となる。
* 基礎的統計学,統計的な諸手法,リサーチデザインについての知識をもち,かつ自分の研究目的に適したものを応用できるこ

と
＊現場での活動にリサーチ結果を活用できること
＊さまざまな評価モデルとその方法について理解し，かつ，プログラム評価を行ない，その結果に基づいて，さまざまな対象者の必要に応えられるようにプログラムを修正できること。

これらの10分野のコンピテンシィとCACREPの勧告の内容とは明らかに重複している。このような重複からも，キャリアカウンセラーとその他のカウンセラーとが専門職業として同一のものであることが明白である。つぎに，これらを参照として，日本のキャリアカウンセラー教育についても考えてみたい。

2　日本におけるキャリアカウンセラー教育プログラムへの示唆

　日本社会が大きく変化し，伝統的な雇用管理体制の崩壊，中高年の職業人のキャリア形成や能力開発を促進する施策の拡大，学校から仕事への移行過程の多様化，また中等学校における選択の可能性の拡大傾向など，人と仕事との関係が急速に変化していることは，本書でも幾度となく指摘したことである。社会に起きているさまざまの変化は，どれも「個人の選択と自己責任」を問う方向性を指している一方で，さまざまな年齢層の人々がその変化に対応できないでいることも最近の日本の特徴である。程度の差こそあれ，アメリカも同様の社会状況にあるといわれている。これらの社会現象が，専門家として有能なキャリアカウンセラーを求めていることはアメリカと日本に共通しているといえよう。
　しかし，有能なカウンセラーの教育を考えるとき，日本独自の条件も考慮しなければならないことはいうまでもない。そこで上述し

たアメリカの二つの団体の勧告を参考にしながら、日本の状況に即した教育プログラムの提案を試みたいと思う。

(1) プログラムの構成

すでに述べたように日本では、キャリアカウンセラーは、一般の心理カウンセラーや治療的カウンセラーほどにはカウンセリング能力が必要ないと思われている。しかしカウンセリングの能力を用いてキャリア問題に対処するからこそキャリアカウンセラーなのであることを忘れてはならない。その意味で、キャリアカウンセラーの養成プログラムは、カウンセラーとしての基礎的コンピテンシィとキャリア領域に焦点を当てたコンピテンシィの両方を育成できる構成になっている必要があると思われる。たとえば、

○カウンセラーとしての基礎的領域としては：
 ・カウンセリング心理学の基礎（歴史、背景にある人間観、他の専門領域との関係など）
 ・人間の成長と発達（発達心理学、適応、精神病理、グループダイナミックス、社会心理学）
 ・介入行動（ヘルピングスキル、個別・グループカウンセリングプロセス）
 ・測定・評価（統計学を含む）
 ・調査研究およびプログラム評価
 ・専門家としての倫理的・法的課題
 ・カウンセリングセンターなどの運営管理
○キャリアカウンセリング関連領域としては：
 ・キャリア発達理論
 ・キャリアカウンセリング・プロセス
 ・情報およびリソース

・プログラムの管理と実践
・コンサルテーション
・スーパービジョン

　ここには，日本のカウンセリング研修ではポピュラーになっている領域，たとえば，援助技法とか，キャリアカウンセリングの理論，精神病理などが入っていないかのようにみえるかもしれない。それは，プログラムの構成の仕方の違いによるのであって，これらを特記してはいないが，その内容はどこかの領域で取り上げられている。また，ここでは最低限必要なものを掲げているので，特定の技法が習いたい場合には，それぞれの研修を受けることが望ましい。しかし，特定の技法を習得する場合も，キャリアカウンセラーとしての基礎が身に付いていなければ実際には役に立たないことを，心にとどめておいていただきたい。

(2) 教育方法

　カウンセラーの教育プログラムを考えるうえで内容と並んで重要な要素は，これらの内容をどのような方法で教育するかということである。日本では，カウンセラーの教育というと，特に体験学習を非常に重視する。知的レベルで理解しただけでは実践できないことは確かなことなので，体験学習は不可欠であろう。しかし，知的・理論的理解なしの体験は非常に危険であることも，同様に指摘しておかなければならない。

　カウンセラー教育では，各領域の専門家による教授と体験学習の両方をバランスよく折りまぜることが重要である。たとえば，理論や新たな知見などのような客観的知識は，専門家から体系的に教授される方が正確かつ効果的に学習できるが，カウンセリングスキルの習得などの実際に行動化する分野は，知的に理解しただけでは不

十分なのであって,体験学習なしでは効果的に習得できない。しかし,ほとんどの領域の学習は,重点の置き方に違いはあっても,片方だけで十分ということはないといわれている。たとえ理論の学習であっても,教授された内容についてのディスカッションや関連のビデオを見ることで理解を確実にすることができる。反対に,スキルの訓練の場合も,体験したことを理論や知識を用いて評価し,習得した内容を深めることがなければ独りよがりの体験で終わってしまうのである。要は,カウンセラー教育を担当する者が,目的達成のためにいろいろな教育方法を体系的に組み合わせて実践する能力をもつ必要があるといえよう。ここで,ホリンズとウオンツ (Hollins & Wantz, 1977) が提示した,カウンセラーの教育に役立つ8種類の教育方法を紹介しておきたい。

1 認知的学習:文献購読,ディスカッション,教授による講義,リソースパーソンによる発表,
2 代理的学習:ビデオ,映画などの視聴覚教材を用いた学習
3 観察学習:他の人が行なうカウンセリングや心理テスト場面を観察したり,クリニックやカウンセリングセンターなどの訪問
4 実験室実習:基本的スキルの訓練,ロールプレーイング,サイコドラマや意思決定ゲーム,コンピュータ支援ガイダンスなどの体験
5 監督下での実習:指導者の下でのカウンセリング面接や心理テスト,プログラム運営の実践
6 インターンシップ:学校や企業,カウンセリングセンターなどの現場に出て,カウンセラーの全任務の観察,体験
7 指導者体験:スーパービジョンを受けながら,学生の研究指導やスーパービジョン,授業,コンサルテーションの経験

8 コ・ワーカー体験：ティーチングアシスタントとかコ・カウンセラーとして，専門家と，責任と任務を分担しあって働く経験

　実はこれらの八つの方法は，カウンセラー教育のカリキュラム構成の順に並べられているのである。認知的理解（1，2）に重点をおく内容から始まって，最後のカウンセラーの見習体験（6，7，8）で知識と体験が統合されるように系統立てられているのである。したがって，たとえばキャリアセンターの運営に必要な知識の習得は，1番目の認知的学習法でも行なわれるが，再度6及び8番目の体験学習の場でも実例をとおして教授されるのである。

　キャリアカウンセラー教育に当たって，実はもう一つ非常に重要な条件がある。それは「誰が，誰に教えるか」ということである。つまり，カウンセラー教育を行なえる専門家と，キャリアカウンセラーになろうとする人のことである。しかし，正直言って，これは，日本では非常に議論しにくい課題である。特に，カウンセリング心理学者が少なく，さらにキャリア行動に関する専門家も決して多くない日本においては，教える側について特定するのは困難である。そこで，ここでは，習得されるべき内容のみにとどめることとしたい。

終 章

キャリアカウンセラーへの新たな挑戦

　本書を閉じるに当たり，キャリアカウンセリングに関わる者として無視できない新たな動きを二つほど取り上げ，関係者の注意を喚起させていただきたい。第一は，最近の教育改革との関連のなかで，注目されだした「キャリア教育」を奨励するムードである。職業教育あるいは進路指導との混乱も起きつつあるので無視できない動きである。もう一つは「インターネットを用いたキャリアカウンセリング」が始まりだしているということである。これらはどちらも，それぞれ一冊の書となるくらいの大きなテーマであるので，ここでは入門書の役割として，やや影響力の大きそうなキャリア教育について少し詳しくとりあげるとして，ウェブカウンセリングについてはこれからの課題と問題点を指摘するにとどめたい。いずれにしても両者はキャリアカウンセラーへの新たな挑戦である。

1 「キャリア教育」熱の高まり

　20世紀から21世紀への世紀の転換期における日本社会の特徴の一つは，教育改革であるといえよう。社会問題がクローズアップされるといつでも「教育の改革」を叫ぶのは今に始まったことではないし，日本だけの現象でもないので，あらためてここで取り上げるまでもないかもしれない。しかし，このたびの教育改革では，キャリアカウンセリングの関係者に直接関係することが非常に多いことは自覚し，きちんと対応しなければならないと思う。21世紀を展望して日本の教育を考えるとき，経済・産業界の変化が個人の現在と将来，および社会全体に及ぼす影響と真正面から向き合わざるをえないことに気づけば当然のことかもしれないが。

　なかでも，中央教育審議会の平成11年答申のなかで，本書の著者らにとっては懐かしい言葉となった「キャリア教育」が使われており，「小学校段階から発達に応じて実施すること」とうたわれている。またそれを受けて，平成13年に，文部省の「高校生の就職問題に関する検討会報告」では「高等学校におけるキャリア教育の推進」や「キャリアカウンセリングの充実」が指摘されている。

　1970年代からアメリカにおけるキャリア教育（career education）に関心をもってきた著者らにとっては，なぜ今再度この言葉が復活したのかが不思議である。1970年代後半には，仙崎を中心として「アメリカにおけるキャリア教育運動」が日本にも紹介されたが，当時は，一部の進路指導関係者の関心しか引かなかった。そして30年後に進路指導関係者ではない人々によって再度この用語に光が当てられたのである。関係者としては，「アメリカにおいては，すでに立ち消えになったり，総合的ガイダンスプログラムのなかに吸

1 「キャリア教育」熱の高まり 161

収されたりして，ほとんど耳にしなくなったキャリア教育が，なぜ今日本で話題になっているのだろうか」，「アメリカのものとは別の概念なのだろうか」という疑問が起きているというのが正直なところである。なお，アメリカにおいては，教育界と産業界の乖離拡大への懸念と，産業構造の変化への対応などへの施策として，1994年には『学校＝職業移行機会法』が制定され，高校生の産業界での就業体験学習，産業界と学校との協力・連携教育をさらに発展させるべく新たなプログラムの開発・実践に莫大な予算がついたこと，しかしこの法律も時限立法であって2001年10月には失効することは周知のことであろう。

ここで，中央教育審議会（1999）がキャリア教育の必要性を提唱した背景とキャリア教育の定義を，答申から引用しておきたい。

> 新規学卒者のフリーター志向が広がり，高等学校卒業者では，進学も就職もしないことがあきらかな者の占める割合が約9％に達し，また，新規学卒者の就職後3年以内の離職も，労働省の調査によれば新規学卒者で約47％，新規大卒者で約32％に達している。こうした現象は，経済的な状況や労働市場の変化などにも深く関係するためどう評価するかは難しい問題ではあるが，学校教育と職業生活との接続に課題があることは確かである。
>
> 学校と社会及び学校間の円滑な接続を図るためのキャリア教育（望ましい職業観・勤労観及び職業に対する知識や技能を身に付けさせるとともに，自己の個性を理解し，主体的に進路を選択する能力を育てる教育）を小学校段階から発達段階に応じて実施する必要がある。キャリア教育の実施に当たっては家庭・地域と連携し，体験的な学習を重視するとともに，各学校ごとに目標を設定し，教育課程に位置付けて計画的に行う必要

がある。

　今日本で注目されているキャリア教育がアメリカのキャリア教育と同一のものかどうかは定かではないが、何らかの影響を受けていることは否めないと思われる。キャリア教育が導入されたときのアメリカ教育界の混乱を目の当たりにし、その解決に連邦議会で答弁までした著者（ハー）と、その指導を受けて「キャリア教育と進路指導を統合するプログラム開発」を行なってきた著者（渡辺）にとって、「キャリア教育」が新たな混乱を起こす前に、日本の若者のキャリア発達のための有意義な教育活動として認知されるために、「人と仕事の橋渡し」を願う本書の終章で、キャリア教育を取り上げることとした。ちなみにキャリア教育は初等中等教育関係者だけに関係することではない。地域社会、企業など、人々のキャリアサービスに関わる多くの人の協力が必要である。まして、今学校教育は地域に開かれ、地域の協力を積極的に受け入れなければ運営できなくなってきていることを考えれば、学校におけるキャリア教育への理解は社会全体の課題といっても過言ではないだろう。

　そこで、まず、アメリカにおけるキャリア教育について概説し、つづいて、日本の進路指導のために開発された概念化モデルを紹介することとしたい。

(1) アメリカにおけるキャリア教育

　キャリア教育とは、1970年にアメリカで始まり、1980年代半ばまで続いた教育運動で、職業教育を一つの主要な柱としてアメリカの教育全体を改革する運動である。この運動を起こさせたもっとも直接的な原因は、若者の失業率の急増があることは否めない。産業・社会変化のなかで、高校を卒業しても就職に役立つ職業能力が身についていなかったり、進路が選べない若者が増加したことから当時

の職業教育への批判が高まり，さまざまな改革が試みられたが，遅遅として成果をあげられなかった。こうした状況のなかで，1970年秋，当時の内政担当補佐官のJ. アーリクマンは，内政審議会の席上「国家予算を増額せずして連邦政府が職業教育にもっと関与する道はないものか」と呼びかけた。その呼びかけに答えるべく，当時の教育長官マーランドの指揮下で，連邦教育局（現：教育省）の成人・職業技術教育局の面々が苦肉の策として練りだした言葉がキャリア教育である。マーランドは，単に職業教育の改革にとどめず，広くアメリカ教育全体の改革の枠組みとして1971年に発表し，「初等，中等，高等，成人教育の各段階で，それぞれの発達に応じてキャリアを選択し，その後の生活の中で進歩するように準備する組織的・総合教育」と定義し，その究極的目標として，「各学校段階で学ぶすべての児童生徒に対して，①知的教科と職業的教科を同時並行的に指導する，②中等・高等教育終了後，個々の青少年により確かな自己理解，体験的な進路探索と長期的な進路設計に基づいた適切な進路を主体的に選択決定させる，③その後の社会生活の中で充分に社会的・職業的自己実現を図るのに必要な資質・能力を組織的・継続的に育成すること」（仙崎，2000，pp.12-13）と説明した。

当初アメリカ連邦教育局はキャリア教育を核とした教育改革の必要性を訴える根拠として，当時（1960年代後半）の社会問題を列挙した。その内容とは，

①急速に変化する今日の社会に適切に対応するのに必要な基礎学力を身に付けないまま義務教育を修了する者の数が増加していること。
②余りにも多くの生徒（卒業者も中退者もともに）が，学校での学習がその後の生活にとってどのような意味があるか理解できないでいること。

③アメリカの中等教育は、大学進学希望者の教育的ニーズに応えるように構造化されているが、大学進学を考えていない大多数の若者の教育的ニーズには応えていないこと。

④アメリカの学校教育は、工業以後の職業界における急速な変化に対応できていない。そのため、多くの労働者は教育過剰あるいは教育不足かのどちらかの状態に置かれており、どちらも産業界の変化に対応できず欲求不満に陥っていること。

⑤高校および大学卒業者の多くは、学校から職業への移行を成功させるのに不可欠な基本的なスキル（自己理解、意思決定）そして労働観や態度を身に付けていないこと。

⑥女性を対象とした職業教育は未だに性によるステレオタイプを脱していないため、すでに労働市場にいる女性や就職を希望する女性のニーズと乖離していること。

⑦現在の公教育は生涯学習、継続教育を希望する成人のニーズに応えられていないこと。

⑧正式の学校教育以外の場で学習する機会を求める若者や成人の要求が高まっているにもかかわらず、そうした要求に対して関心を払ってこなかったこと。

⑨保護者も産業界の労使も含めて、一般市民は教育政策作りにおいて関与する機会が少なかったこと。

⑩アメリカの学校教育は社会経済的に恵まれない人々のニーズに充分には応えていないこと。

⑪高校卒業後の教育体制のなかで、4年制大学以外の機関、たとえば、短大やコミュニティーカレッジなど準学士号が取得できる機関での多様な教育プログラムを重視してこなかったこと。(Hoyt, 1974, pp.2-3)

アメリカ連邦教育局はこれらの社会問題への対策として4種類の

キャリア教育のモデルを提示した。少々長くなるが，アメリカのキャリア教育を理解するために各モデルの内容を紹介しておきたい。

モデルⅠ：学校を基盤としたモデル

　　幼稚園から12学年（高校3年）までを対象とし，青年期のキャリア発達を中心に全学校教育計画を再構成するねらいをもった総合的モデル

モデルⅡ：雇用主を基盤としたモデル（後に，「経験を基盤としたモデル」と改称）

　　当初は13歳から18歳の生徒，特に高校中途退学者を考慮して，一般の学校環境以外のところ，具体的には産業界で，若者の個人的な学習要求に側した教育計画を提供する目的であったが，1973年以降は，産業界・実業界にとどまらず，また対象も中退者に限らず高校生は進学希望者も含め，政府機関，公的施設，医療機関などの地域社会のさまざまな機関への生徒の学習の場を拡大して，青少年が働く大人との経験をとおして進路を探索する機会を得，また学校での学習と職業体験を統合する事を目的とするモデルへと変化した。

モデルⅢ：家庭を基盤としたモデル

　　家庭にいる人々，主として中年女性で再就職を希望する人々を対象とし，教育テレビ番組や通信講座をとおしてキャリア情報を提供することから始まり，1974年ごろからは巡回相談や電話相談をとおして中年の家庭にいる主婦の就業相談に応じる活動へと広がった。

モデルⅣ：居住地を基盤としたモデル

　　文化的・社会的に恵まれない，アルコール依存，家庭破壊，その他の家族問題が原因で就職困難，職場適応困難な人々を対象として，肯定的な自己概念をもち，自分の将来を考えら

れるようになることを目指した学習活動や基礎学力を養うための個人教授などを組み入れたモデルである。

このように政策主導で始まったキャリア教育は、新たな教育改革とはいっても学校教育にとどまらず、社会教育全般に及ぶ運動であったのである。

いずれにしても、「キャリア」を基盤として教育改革を行なおうとした背景には、実は、キャリア発達に関する理論の発展と研究の進展が基盤にあったことを忘れてはならない。本書の第2章で紹介した理論はみな1960年代に提唱され、研究されたのである。他方1960年代後半は、アカウンタビリティという観点から当時のスクールカウンセラーへの批判が高まり、その必要性について関係者から疑問が呈された時期でもある。つまり職業相談よりも情緒的適応問題を主たる対象と考え、カウンセラー室の中で個別カウンセリングに専念するスクールカウンセラーが増えだしたからである。カウンセラー教育者は、スクールカウンセラーのアイデンティティ問題と存続問題への回答として、すべての生徒を対象としたガイダンスとカウンセリングにその独自性があることを再度確認した。しかし過去に戻るのではなく、キャリア発達の理論を踏まえた新たな活動を模索する方向をとった。それが「進路選択時点のガイダンスとカウンセリング」から、「キャリア発達を促す総合的なガイダンスとカウンセリング」へというカウンセラーの活動の方向転換であった。このような方向転換の過程でキャリアガイダンスとカウンセリングという用語が用いられるようになった。1970年代初頭の初等中等教育では、キャリア教育よりもキャリアガイダンスとカウンセリングという用語の方が知られていたのが実状である。そのため、キャリア教育という言葉を耳にした当時のカウンセラー教育者やスクールカウンセラーたちが非常に戸惑ったことは有名な話である。

戸惑ったのはカウンセリング関係者だけではなかった。「すべての教科教育のなかで職業，進路，キャリアとの関連づけをするように」という呼びかけを受けた学校現場では，「キャリア」の解釈から始まって，従来のキャリアガイダンスとの相違，教科への反映のしかたに至るまで解釈が分かれ，教育が混乱のるつぼと化したことは確かである。アメリカ連邦教育局は学校を基盤としたもの以外に，職場を基盤としたプログラム，家庭および地域社会を基盤としたプログラムと四つのモデルを提示し，キャリア教育奨励法を1977年に制定し，5年間の時限立法として，莫大な予算をつけた。その結果，アメリカ各地でさまざまなプログラムが展開され，あるものは成功し，あるものは不発に終わった。

1983年アメリカの教育の危機が叫ばれ，『危機に立つ国家』が出版されたことから，高校生の知的能力の低下が問題視され，職業教育を強調し過ぎ，アカデミックな教科がおろそかになったことへの反省がなされ，あらためてアカデミックな教科と職業教科との統合が見直されるようになった。また，この間の技術革新の進展，知識集約的職業の増加というような職業界の変化を受けて，これからのアメリカ経済を発展させるためには，高度の職業・技術教育が必要になるという予測から，職業・技術教育の中心を，中等学校から，高等教育機関（コミュニティカレッジおよびそれ以上の大学）に移行させる方針をとった。その結果として，中等学校においては，基礎基本を重視した教科教育の重視と平行して，キャリア発達を促す「総合的なキャリアガイダンスプログラム」の必要性が改めて強調されるようになり，1994年クリントン政権下で，「学校＝職業移行機会法」が制定され，学校と地域の企業とのパートナーシップを強化することで，若者が学校教育と職業生活を関連づけながら，自己の将来を設計できる機会を提供する方向へと変わっていったのである。

当時のアメリカの様子を見ると，キャリア教育は教科教育全体に

関与するものであったため，多くの学校では教務主任あるいは校長がその責任者となって，教科内容中心に進められた。そのため実際にはキャリア発達の概念はほとんど理解されないことが多かったそうである。また，カウンセラーたちは，ガイダンスとカウンセリングとキャリア教育の関連づけにかなり苦慮したとも聞いている。その意味では今回の学校＝職業移行機会法のもとでの方が，カウンセラーはそのコンピテンシィを発揮しやすくなっているといえよう。中等学校では学校＝職業移行機会法のもとで，キャリア教育よりも，学校と企業，地域社会が共同して，教科カリキュラムの改善，学校と職場での知的学習と体験的学習の統合，そしてガイダンスとカウンセリングに取り組むことの重要性が指摘されている。しかし「学校＝職業移行機会法」も2001年10月には失効するので，今後の動向は注視する必要があるであろう。

　キャリア教育運動で中核的役割を果たしてきたホイト（Hoyt, 2001）は，NCDAの機関紙のミレニアム特集の中で「ナレッジ・情報・サービス時代におけるキャリア教育」というタイトルの論文を掲載している。その中で，「キャリア教育のあり方は時代とともに変化する」ことを指摘し，21世紀の職場と職業における変化に対応するために生涯キャリア発達に焦点を当てる必要があること，そして，カウンセラーたちは，学生，労働者を対象として，基礎学力の向上のほかに，エンプロイアビリティ，アダプタビリティ，プロモーショナビリティを高める能力を発達させることを目指すべきであると提言している。この論文の基調は，1971年のように高校中退者，失業者や就職困難者という社会問題への対応ではなく，ナレッジ－情報－サービス化という新たな産業界の動向への積極的対応として個人を支援することにあるように思われる。またホイトの提唱するこれからのキャリア教育をみると，焦点が初等中等学校から高等教育および職場における成人のキャリア発達に移っているようにも推測

できる。言い換えれば,成人の総合的キャリアガイダンスの必要性を主張しているとも読み取れるのである。

キャリア教育が導入されて以来,アメリカの学校現場ではキャリアガイダンスとの関係は混乱しており,スクールカウンセラーの関与の仕方が問題となってきた。そこで,とりあえず,アメリカにおけるキャリア教育と,キャリアガイダンスとの関係,およびカウンセラーの関わり方について,当時の文献から概観しておきたい。

(2) アメリカにおけるキャリア教育と,キャリアガイダンス,カウンセラーとの関係

1) キャリアガイダンスとの関係

上述したように,キャリア教育の出発当時は,提唱者の背景によって定義が異なり混乱のきわみであった。たとえば,職業教育を背景としたエバンス (Evans, 1978) は職業教育を中心として考え,キャリア発達についてはまったく触れていない。他方昔からキャリアガイダンスをリードしてきたミネソタ大学の開発したキャリア教育プログラムは,キャリアガイダンスを拡大したものであった。このような混乱は,学校現場でのカウンセラーのキャリア教育への関与の仕方にも大きく影響するという点からみても,解決されなければならない課題であった。アメリカ連邦教育局のキャリア教育部長としてキャリア教育の理論的枠組み作りに尽力したホイトは,両者は同じ方向を目指した一連続線上にならぶものではあるが,同一のものではないと明言し,類似点と相違点を次のように明らかにした (Hoyt, 1975)。

両方とも,「①教育と労働との関係を重視しながら,あらゆる年齢の人々を援助することに関与すること,②キャリア発達を人間の全人的成長発達の一側面とみて,労働価値を個人の価値観の一部と捉える哲学をもっていること,③その枠組みとしてキャリア発達理論

を適用していること」では共通している。他方，相違点としてホイトがあげた点は「①キャリア教育は公的教育機関の全プログラム，全活動で具体化されうる一つの概念であるのに対して，キャリアガイダンスは専門家（カウンセラー）によるサービス活動であること，②キャリア教育はさまざまな分野の教育組織の協力に基づいており，その活動の効果は，個人に与えられる援助の量で測定できるが，キャリアガイダンスは専門家してのカウンセラーによる特別な活動であって，その効果は援助を得た人によって測られること，③キャリア教育は，キャリア発達と教授－学習の過程との両方を柱としているが，キャリアガイダンスはキャリア発達を唯一の柱として行なわれること」の3点をあげている。要するに，キャリア教育とは教育のあり方に関する概念であり，教育的効果を将来の職業生活との関連で捉えなおそうとする考え方であるのに対して，キャリアガイダンスは，個々人への援助活動である。両方ともキャリア発達を活動の理念的枠組みとしていても，キャリア教育はカリキュラムに沿って，教師が教授し，生徒が学習する過程をとるのに対して，キャリアガイダンスは，たとえ教室場面で，集団で行なわれても，カウンセラーの視点は個々の生徒に向けられるので，個別カウンセリング関係を基盤としているといえる。

2）キャリアカウンセラーとの関係

キャリアガイダンスとの相違が明らかになればなるほど，スクールカウンセラーはキャリア教育とどのように関わるかが重要な問題となった。ホイトは，カウンセラーたちの当惑に答える形で，時に応じていろいろなコメントを出している。時系列的にみると，1976年時点では，「カウンセラーはキャリア教育に協力すべきである。しかし，『新しいキャリア教育カウンセラー』になってはならない。それはキャリア教育は現在のカウンセラーの能力と背景だけでは対応

1 「キャリア教育」熱の高まり **171**

しきれない莫大な内容を含むからである」(Guidepost, 1976) とやや消極的な態度を示しているが，翌年には「キャリア教育プログラムのなかで，キャリアカウンセラーの役割はますます重要になってきていることはみなの認めるところである。しかしどのように関与するかということになると一致した見解は得られていない。ミシガン州では，カリキュラム作成に参画している教師団のコーディネーターとして，ガイダンス・カウンセラーを当てようとしている。キャリア教育諮問委員会では，キャリアカウンセリングの充実が繰り返し叫ばれた。委員の一人は『キャリア教育のカリキュラムや材料は整備されたが，それを効果的に使いこなせる人がいない。おそらくガイダンスカウンセラーなら，その役割を果たすだけの能力を備えていると思う』と述べている」ことを引用して，カウンセラーのもつプログラム運営の能力がそのまま生かされることを容認する発言に変わってきている。1971年にキャリア教育を提唱したマーランドも，1977年には「児童期から大学生までの一貫したキャリアカウンセリング体系の中で，キャリア教育プログラムは活用されるべきである」と，キャリアカウンセリングとキャリア教育の位置づけを逆転させるような内容のことを発言している。このようなコメントからもうかがい知ることができるが，キャリア教育による教育改革に取り組んできた当局は，その計画を実行しようとしたとき，現場には実行できる専門家がいないことに気づいた。そのため，キャリア教育の予算の大半を現職教員の再訓練に当てたのである。と同時に，すでに学校に配置されているガイダンス・カウンセラー（スクールカウンセラー）の存在を再認識しだしたということである。

　このようにして，キャリア教育運動のおかげで，キャリアガイダンス・カウンセリングも総合的プログラムとして発展する機会を取得し，スクールカウンセラー自身にも，学校内での存在を確かなものにするためには，否応なしにキャリアガイダンス・カウンセリン

グの専門家としての力(コンピテンシィ)を育てることが一層求められるようになった。

日本の場合,キャリア教育は進路指導(キャリアガイダンス)として,特別活動(学級活動,ホームルームなど)を中心に学校教育全体で計画的,組織的に実施することと学習指導要領には規定されている。この文章をじっくり読むとかなり実現が困難なように思われる。また,だれが責任者となるのであろうか。日本のキャリア教育は,従来の進路指導を発展させ,真にキャリア発達を促す活動を強化することを意味しているように思われてならない。キャリア教育が進路指導の新しい名称であるならば,アメリカのキャリア教育とは区別する必要があるのである。いずれにしても両者の関係を明らかにすることは活動の効果をあげるためにも,担当者の混乱を避けるためにも必要なことではないかと思われる。

(3) 日本における進路指導のための概念モデル

ここで,当時の文部省職業教育課の委嘱を受けて,仙崎のもとで著者(渡辺)を始め,小学校,中学校,高校および大学で進路指導に携わってきた教員たちが2年がかり(1997年から1998年)で開発した「キャリア発達を促す進路指導のための概念モデル」を紹介したい。

本モデル開発の趣旨は,「生きる力」をキィワードとした「21世紀を展望した教育のあり方」という中央教育審議会の答申を受けて,「生きる力」を育てるために,小学校から高校までの12ヵ年を通して一貫した進路指導を行なうのに不可欠の「モデル」を作成することであった。この委託を受けたわれわれは,日本の学校における進路指導の問題点,特に,「学習指導要領に書かれた理念と学校現場での実状との間にあるあまりの落差はどこからくるのか」から議論した。われわれの結論は,「日本の進路指導の定義はすばらしいもので

あり，変える必要はない。あとは，この定義が実践できるようなモデルを作ることである」というものであった。

　進路指導の効果があがらないのは，「割り当てられる時間数が少なすぎる」ことと「担当する教員たちの知識不足」などが指摘されて久しい。時間数が増えても教員が進路指導を行なう力に欠けていたら解決にはならない。といって，最近導入されたスクールカウンセラーにアメリカ的に進路指導に関わってもらいたいと思っても，「それは私の仕事ではない」と断られるであろうし，キャリアカウンセリングの教育も受けていないのが現状である。現場教師の進路指導・相談の研修も体系化されておらず，実践力をつけるプログラムになってはいないことも事実である。

　そこで限られた時間と教科教員が実践できる進路指導のモデルを考えることとした。モデルの開発にあたってアメリカ，カナダ，デンマークなどの国々で最近実践されている進路指導（キャリアガイダンス）のモデルも勉強した。その結果，最近の進路指導のモデルには，次のような共通要素があることを見出した。すなわち，

①学校の進路指導を，生涯キャリア発達の一部と位置づけ，その基礎作りの段階として重視している
②プログラムの目標と効果を明確化するためにcompetency-based-program（育成する具体的能力を基盤としたプログラム）が望ましいとしている
③選択力を育てるプログラムの構成要素には非常に共通点が多い
④具体的で日常的な活動を通して必要な能力を身につけさせる。一つの活動で複数の能力を発達させられる，という認識で指導を行う（渡辺，1998, p.89）

進路指導の定義の問題点は、目標と方法・手段が渾然一体となっていて、いったい何が目標なのかが理解しにくいということである。そこで、上述の②と③にならって「具体的な行動目標：選択力をつける」ためにコンピテンシィという概念を使って明確に定義しなおすことが必要であった。ついで、限られた時間の中で、専門家でない教師が行なえるために、④にならって、すでに多くの学校で取り組んでいるさまざまな活動（進路指導に限らない）を、進路指導の目標と関連づけることとした。進路指導を学校での他の活動と一体化させることこそまさにキャリア教育のねらいの実現であると、内心自負している。また、このような概念のモデルは、教師のための研修プログラムの体系化にも役立つであろうと考えた。

概念モデルの内容

生涯発達しつづける個人が「自己理解を深め、自己実現できるようになるため」には、少なくとも次に示す四つの能力（コンピテンシィ）を身に付けることが必要であること、そして、それら4領域の能力は12ヵ年を通して基礎が作られ、さらに生涯発達しつづけるものであるという理念をモデルの基本的枠組みとした。

ちなみに、現行の進路指導では学年ごとに異なった目標（たとえば1年は自己理解、2年は職業理解、そして3年は選択・決定）を立て、それぞれの目標を達成するために学年によって異なった活動が割りふられている。これを発達的プログラムと考えるとした場合、少々問題がある。あたかも1年生では国語、2年生では数学、3年生で物理学を学ぶようなもので、進路指導も教科カリキュラムと同じである。その後の学習の基礎を作る小学校では、同一の科目、たとえば算数を6年間学習する。ただその内容は、数的能力の発達および他の能力の発達を考慮して、学年が進むに伴って積み重ねられるように、一貫性をもたせて構成されている。

われわれが提示した構成モデルの基本的枠組みは，4領域の能力と12の下位能力から成っている。それぞれの能力領域と下位能力は，12ヵ年をかけて達成される最終目標の言葉で表現している。すなわち，

①キャリア設計能力領域：キャリア設計の必要性に気づき，それを実際の選択行動において実現するための諸能力
　下位能力1：生活上の役割把握能力
　下位能力2：仕事における役割認識能力
　下位能力3：キャリア設計の必要性および過程の理解能力

②キャリア情報探索・活用能力領域：キャリアに関係する幅広い情報源を知り，さまざまな情報を活用して自分と仕事・社会との関係づけをとおして，自己と社会への理解を深めるための諸能力
　下位能力4：啓発的経験に取り組む能力
　下位能力5：キャリア情報活用能力
　下位能力6：学業と職業とを関連づける能力
　下位能力7：キャリアの社会的機能を理解する能力

③意思決定能力領域：進路選択で遭遇するさまざまな葛藤に直面し，複数の選択肢を考え，選択時に納得できる最善の決定をし，その結果に対処できる諸能力
　下位能力8：意思決定能力
　下位能力9：生き方を選択する能力
　下位能力10：課題解決・自己表現能力

④人間関係能力領域：自己と他者の両方の存在に関心をもち，さまざまな人々との関係を築きながら，自己を生かしているための諸能力
　下位能力11：自己理解・人間尊重能力
　下位能力12：人間関係形成能力

表 7-1 わが国におけるキャリア発達能力の構造化モデル（課題、能力、行動様式）

能力領域	発達区分 能力レベル	児 童 期	思 春 期	青年期前期
キャリア設計	能力1 生活上の役割把握能力	・生活において、それぞれの役割が関連していることに気がつく。	・生活における役割が相互に関係していることを理解する。	・生活における役割の相互関係を理解し、その関係を示す。
	能力2 仕事における役割認識能力	・仕事にはさまざまな役割があることに気がつく。	・仕事の中のさまざまな役割が変化していることを理解する。	・仕事の中のさまざまな役割が、互いに関連し、絶え間なく、変化していることを理解する。
	能力3 キャリア設計の必要性及び過程理解能力	・計画を立てて行動することの大切さに気がつく。	・暫定的なキャリア設計を行ない、キャリア選択の過程について理解する。	・キャリア選択の過程を認識し、卒業後のキャリア設計を行なう。
キャリア情報探索・活用	能力4 啓発的経験への取り組み能力	・役割を通じ働く習慣を身につけ、働くことにおける個人の責任の重さに気がつく。	・生き方を探求する経験に取り組み、仕事に就くために必要な技能を知る。	・生き方を探求する経験に積極的に取り組み、仕事の変化に対応する技能を身に付ける。
	能力5 キャリア情報活用能力	・職業に関わる情報を理解し、使う技能を身につける。	・職業に関わる情報を、位置づけ、理解し、運用する技能を身につける。	・職業に関わる情報を位置づけ、評価し、応用する技能を身に付ける。
	能力6 学業と職業とを関連づける能力	・学校で学んだことが、生活や職業に関連があることに気がつく。	・学校で学んだことが、社会や仕事を行う上でどのように役立つか知る。	・学校で学んだことと、キャリアとの関係を理解し、キャリアとの繋がりを深める。
	能力7 キャリアの社会的機能理解能力	・仕事が社会の必要や機能にどのように関連しているかに気がつく。	・仕事が経済活動が社会にどのように必要とされる機能にどのように関連しているかを理解する。	・社会的な必要や機能と、仕事の本質や構造にどのように作用しているかを理解する。
意思決定	能力8 意思決定能力	・意思決定の方法を理解する。	・意思決定の技能を身につけ、それに伴う責任を受け入れる。	・意思決定を行ない、その過程を一般化する。
	能力9 生き方選択能力	・将来の夢として職業人を同一視する。	・さまざまな仕事を選択における生き方について考える。	・仕事をとおし、生き方を選択する際の課題を整理し、積極的に解決する。
	能力10 課題解決・自己表現能力	・役割などを通じ、自分を示す。	・役割を果たす中で、自己を自立させ実現することの重要性を知る。	・自己を実現する重要性を理解し、その課題を判断し、解決する技能を身に付ける。
人間関係	能力11 自己理解・人間尊重能力	・自分と他者との違いに気づく。	・自分の良い面がわかり、自分の行動が他者に与える影響を理解する。	・自分を多面的に知り、行動が他者に与える作用とキャリアとの関連を理解する。
	能力12 人間関係形成能力	・他者との関わりの中で、自分自身の成長、感情の変化に気づく。	・他者との関わることの重要性を理解し、人間関係作りの技能をつける。	・他者との関わりによる感情の変化とその成長を理解し、効果的に他者と関係作りの機能を身に付ける。

1 「キャリア教育」熱の高まり **177**

　その12の能力を発達させるために，教師もキャリアカウンセラーも児童生徒の発達段階に即した活動を体系的に組み立てて，児童生徒を動機づけ，実践に移しながら，その活動と目標との関連づけを知的・体験的に理解できるように援助し（キャリアガイダンス），さらに一人ひとりの児童生徒が，それらの課題と取り組む過程を援助し（キャリアカウンセリング），かつ，それぞれの能力をどのように発達させているかを評価することが求められるのである。表7-1は，発達的に各能力を児童生徒に期待する行動で表現したものであり，

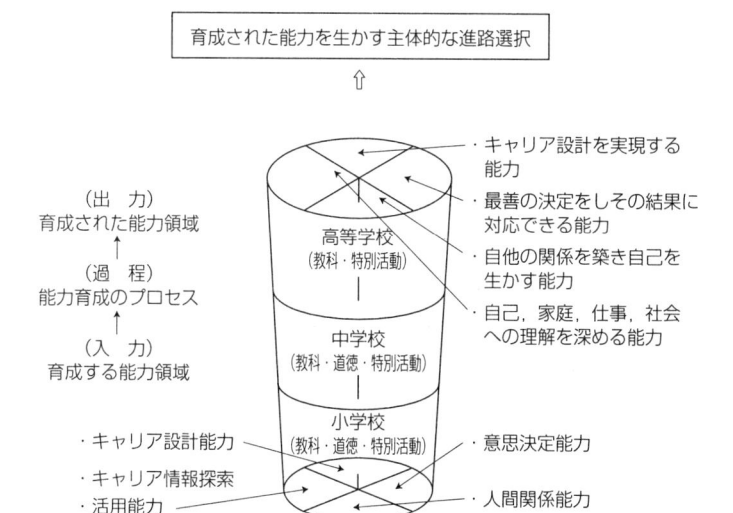

図7-1　各学校段階における四つの能力領域系統図

各発達段階の課題を意味する（職業教育・進路指導研究会，1998）。

さらに図7-1は，各学校段階での教育活動全体と四つの能力領域との関係を図示したものである。

われわれの提示した進路指導のための概念モデルは，今話題となっている日本流キャリア教育の目標を達成するのに少しは役に立つのではないかという願いをもっている。しかし，実はこのモデルはキャリア発達とキャリアカウンセリングの概念を背景としているので，効果をあげるように実践されるためには，実践者がキャリアカウンセリング能力の基礎を身に付けておくことが求められるのである。その意味でもキャリア教育への関心の高まりは，キャリアカウンセラーの活躍の場が増えることをも意味しているのである。

2 インターネットとキャリアカウンセラー

最後に，これからキャリアカウンセラーに期待される活動領域として，「インターネット上のカウンセリング」についてふれておきたい。電子メールやウェブなどのインターネットを活用してカウンセリングを行なうということである。ちなみにボア（Boer, 2001）によると，ブルーム（Bloom, 1997）を委員長として全米カウンセラー資格認定委員会が「インターネットにおけるキャリアカウンセリング」について討議した席上で，ウェブカウンセリング（web-counseling）という新語を造りだしたと指摘している。委員会はそれを「カウンセラーとクライエントが，離れた場所にいる場合に，電子的手段を用いてのインターネット上でのコミュニケーションを行なう専門的なカウンセリングおよび情報提供の実践である」(1997, p.1) と定義している。サンプソンはサイバーカウンセリングという言葉を用いている（Sampson, 1999）。キャリアカウンセラーとイ

ンターネットとの関係は、コンピュータ支援システムと切り離すことができないので、インターネット時代以前の状況を簡単に紹介したいと思う。

アメリカでは40年程前から「これからのカウンセラーはコンピュータを活用できなければならない」といわれてきた。特に、キャリア発達の支援ツールとしては1965年から1970年にかけてコンピュータ支援システムの構築が試みられだした（Myers, 1970）。当時開発されたシステムは、すでにカウンセラーたちが行なっていたこと——情報提供、キャリア探索支援、自己理解支援など——をプログラム化したものであり、コンピュータ上で二人の人間が即時的に相互交流のできるようにネットワーク（自助的）化され、自己支援的様式のシステムを作ることはまだ夢であった。当時のシステム開発者たちの様子は、スーパーの編集による、「コンピューター支援カウンセリング（Computer-assisted Counseling）」（1970）に紹介されている。その後1971年には、カッツ（Katz）とその同僚が、カッツの提唱した意思決定理論に基づいてインターラクティブなガイダンス情報システム（SIGI）を開発し、その夢に一歩近づいたが、本格的なネットワークは20世紀末のインターネットの普及を待たなければならなかった（Harris-Bowlsbey & Sampson, 2001）。

日本でもコンピュータ支援システムはかなり研究されており、適性評価や職業情報の自己検索化は公共機関にも導入されている。さらにインターネット上でのカウンセリングも試みだされている。インターネットの利用には、物理的距離による障害を克服し、希望すれば誰でもどこにいても情報やアドバイスが入手できるという意味で平等をもたらすすばらしいメリットがある。しかし、メリットばかりではない。コンピュータをもたない者、使い方を知らない者には不利となる。それよりもっと重要な問題は、コンピュータ支援システムは利用者が自己管理でき、自己支援できる能力があることを

前提としているということである。言い換えれば,自分が何を求め,何を重視しているかなど,自己をある程度客観的に把握することができ,情報やアドバイスを評価する基礎的力をもっていることを前提としているのである。かつてフランク・パーソンズが職業相談を始めたとき,論理的な職業選択のステップが用いられたのは,彼が対象としたクライエントが働く意欲があり,情報やアドバイス,ちょっとしたきっかけをもらえば自己理解も職業理解もできる心理的状態にあったからである。その後心理学,特に臨床心理学の知識が必要となった経過を思い起こしていただきたい。そうすれば,コンピュータ支援システムとか,コンピュータ支援カウンセリングの限界を知ることができるであろう。

1970年にスーパーは次のように書いている。

> カウンセラーが,コンピュータによる進路探索や情報提供センターに若者を紹介する方法を知り,プリントアウトの使い方を知っているなら,またコンピュータ支援システムを利用している若者の話をどのように聞いたらいいか,彼等の表現する感情や態度にどう反応したらいいか……を知っているなら,そのカウンセラーは,カウンセリングやガイダンスの場面で,個々の若者の情緒的な側面にもっと集中することができるのである。……コンピュータ支援センターを利用した生徒やクライエントは,たずねたいことや話したい具体的な問題があるからカウンセラーのところに来るのである。カウンセラーは彼らの話を聴くことができ,洞察を深める質問ができ,彼らのもつ情報や疑問について解釈を加えながら示唆を与えることができ,探索的経験や訓練の機会を具体的に準備してやったり,その先探索したほうがよい情報を示唆したりすることができるのである。このようにして,カウンセラーは,より多くの人々に対して,よ

り迅速により幅広く活動できるであろう。(1970, p.107)

1970年当時はアメリカでもパソコンは今ほど普及していなかったので、スーパーはセンターという場所の利用について語っているが、今なら当然パソコンと言い換えているであろう。また、インタラクティブなネットワーク化以前の段階であっても、カウンセラーがコンピュータの価値を生かすためには、カウンセラーの基礎的能力がますます重要になる、というスーパーの指摘は、今日本でキャリア関連の職業についている人への警鐘であるように思われる。

21世紀にはいって、パソコンのみならずiモード、Lモード搭載の携帯電話など、直接顔を会わせたり言葉を交わさなくても交流のできるツールがますます開発され、安価で入手できるようになっていく時代の流れを見れば、インターネットカウンセリングが流行するのは時間の問題であろう。インターネット相手のカウンセリングの結果、問題をこじらせてしまってからカウンセラーのもとに来るクライエントも増えるであろうし、インターネットの作る非現実を現実と勘違いして、空想に走る人や不適応を起こす人も増えるであろう。そこで、今からキャリアカウンセラーは、新しいツールを効果的に使えるように準備をする必要があると思う。

現在、コンピュータ支援システムの開発ならびに活用に関して国際的に活躍し日本にも影響を与えつつあるフロリダ州立大学のジェームズ・サンプソンの研究結果と実践に基づく示唆には学ぶところが多い (Sampson, 2001)。彼は、ウェブにおけるキャリアカウンセリング (サイバーカウンセリング) の価値を十分に認識したうえで、起こりうる危険性を回避するために、カウンセラーの任務と倫理綱領の作成に力を注いでいるそうである。サンプソンは、まずカウンセラーがコンピュータを用いるメリットとしてスーパーと同じ意見をもっている。すなわち、まず第一は「カウンセリング過程に

おける人間的な側面を最大化させること」である。言い換えれば、カウンセラーは、人間でなければできない「クライエントの独自な世界に関与すること」により多くの時間を用いることができるということである。彼はカウンセラーの弱点を補うという観点からコンピュータ使用のメリットを説明している。すなわち、人間はコンピュータと違い、単純作業（テストの採点とか共通に実施する施設の紹介や情報の伝達、オリエンテーションなど）に飽きやすく、間違いも多く、単純作業によるマンネリ化がクライエントへの非人間的な接し方を引き起こしかねないからこそ、コンピュータ利用にメリットがある。第二のメリットは「カウンセリングへのアクセスを向上させること」である。日本のように、有能なカウンセラーの数が圧倒的に少なく、かつ特定の地域に偏在している場合はこのメリットは大きい。また、非同時双方向のインターネットの場合は、互いに話したことを思索する時間が取れるし、スケジュールにこだわらなくても済むし、記録も残るので、カウンセリングを受けやすくなる。しかし、これらのメリットは諸刃の刃でもあるのではないかと思う。たとえばテストの採点や情報伝達をとおしてクライエントの行動を観察でき、新たな情報が得られるので、単純作業と言い切ることはできない。また、スケジュールを守ることもクライエントの発達を促すことにもなるし、インターネットからは非言語的表現から得られる貴重な情報が得られないというデメリットもあることを忘れてはならないと思う。そこで、サイバーカウンセリングを行なおうとするカウンセラーは、少なくとも次の3項目に留意する必要がある。すなわち、①サイバーカウンセリングの問題点に敏感になること（問題を引き起こしそうなアプリケーションは使わない）、②カウンセラー自身専門家としてソフトウェア開発に努力する、③カウンセラーのコンピテンシィを向上させることである。

　カウンセラーがインターネットを利用したカウンセリング・ガイダ

ンスで失敗する理由として，サンプソンは，①クライエントの意思決定過程に十分関与していないこと，②アプリケーションとカウンセリングとの統合が図られていないこと，③カウンセラー側の教育不足，および④利用するシステムを十分に検討評価していないことをあげている。また，倫理的に懸念される事柄としては，①秘密保持に関する疑問，②妥当性のないアセスメントや情報が用いられること，③本当に必要なときに，専門家からの支援が得られにくいこと，④カウンセラーがコンピュータに依存してしまうこと，⑤インターネットへのアクセスが限定されていること，⑥クライエントの生活圏に固有の課題（労働市場や社会的資源など）への考慮を失すること，⑦関係する専門家の資格が不透明であること，⑧家庭や職場でのプライバシィの確保の困難さ（パソコンに向かっているとき，周りには家族や同僚の眼や耳があるので，個室でカウンセラーと向かい合っているときのように心理的にプライバシィを守ることはむずかしい），をあげている。

　コンピュータ支援システムを利用するカウンセラーの任務として，サンプソンは次の諸点を掲げている。すなわち，①クライエントがこのシステムに適しているかどうかを評価したうえで，導入する（不安の高い人，依存的な人，キャリア選択以前に解決すべき問題を抱えている人などは避ける），②利用者に対して，システムについてのオリエンテーションを行なう（メリット，デメリット，注意事項，クライエントの課題との関連など），③妥当性と公平性を確かめたうえでソフトウエアを用いる，④アクセスの公平性を確保する，④秘密保持を約束する，⑤効果的に実施する（利用者がパソコンと向かい合っている様子を観察し，利用状況を確認したりする。問題が起これば中止させる），⑥システム自体を評価する，などである。

　日本ではキャリア支援活動に関わる機関や担当者の間で，カウンセラーに代わるツールとしてコンピュータ支援システムの開発が盛

んに叫ばれている。またクライエントや求職者の間でも，相談員から厳しい質問を受けて嫌な思いをするよりも，自分で自由に操作できるコンピュータの方が望ましい，と好評である。ハードの開発に優れ，ハード面には価値をおくが，ソフト面（ハードを使用する人の教育）に投資したがらない日本では，コンピュータ支援システムの開発はキャリアカウンセリングに代わる手段として，熱い期待を寄せられている。そして，システムの開発に当たる人々のなかには人間の行動特性や情緒的側面についてほとんど考慮しない人も少なくない。このような一般的雰囲気のなかで，キャリア支援のためにコンピュータ支援システムやサイバーカウンセリングが開発されるのは恐ろしい気もしないではない。

「カウンセラーがキャリアカウンセリングとコンピュータ支援システムを組み合わせて使えるようになること」が理想であるというサンプソンの提言に賛成である。たとえば，キャリアカウンセリング過程のなかで，宿題としてコンピュータ支援システムを用いさせ，次のカウンセリングセッションでその結果を用いて，プロセスを進展させる，という風な使い方ができる。また，カウンセリングを受けることに積極的でない人の場合には，先に自分のペースで取り組めるコンピュータ支援ガイダンスを経験することで，安心してカウンセラーと向かい合えるようになることもある。

いずれにしても，コンピュータが導入されることによって，カウンセラーが不要になることはない。むしろその逆である。カウンセラーの独自性を発揮する場合が増えるわけである。つまり，キャリアカウンセラーは，もはや，職業生活の長さとか職業経験や人脈の豊富さでは対応できない職業となっているのである。言い換えれば，カウンセラーという専門職に求められるコンピテンシィをどれだけ備えているかが，個々のカウンセラーに問われる時代になってきたことが確実となったのである。

引用文献

序

伊東眞行（1994）適性検査を使ったキャリア・カウンセリング　職業研究

北浦正行（1996）「自立」の時代の職業能力開発　日本進路指導学会代18回大会論文集，21-23.

宮城まり子（2000）人のキャリア開発とキャリアカウンセリングの役割　*Works*, No.41, 20-21.

日本進路指導学会編（1996）キャリアカウンセリング：その基礎と技法，実際　実務教育出版

生涯職業能力促進センター（1998）企業における教育訓練システムの進展　生涯職業能力促進センター

ワークス研究所（2000）キャリアカウンセリングの未来像　*Works*, No.41, 2-3.

渡辺三枝子（1996）カウンセリング心理学　ナカニシヤ出版

第1章

Arnold, J., & Jackson, C. (1997) The new career : Issues and challenges. *British Journal of Guidance and Counseling*, **25**(4), 427-434.

Ball, B., & Jordan, M. (1997) An open-learning approach to career management and guidance. *British Journal of Guidance and Counseling*, **25**(4), 507-515.

Brown, D., & Brooks, L. (1991) *Career counseling techniques*. Boston, MA: Allyen & Bacon.

Cairo, P. C. (1992) Career planning and development in organization. In H. D. Lea, & Z. B. Leibowits (Eds.), *Adult career development : Concepts, issues, and practices* (2nd ed.) Alexandria, VA: AACD. pp.296-311.

Crites, J. O. (1981) *Career counseling : Models, methods, and materials*. New York: McGraw-Hill.

Dalton, G. W. (1989) Developmental views of careers in organization. In M. B. Arthur, D. T. Hall, & B. S. Lawrence (Eds.), *Handbook of career theory*. Cambridge University Press. pp.89-109.

Hall, D. T. and associates (Eds.) *The career is dead——long live the career : A relational approach to career* (pp.15-45). San Francisco, CA: Jossey-Bass.

Herr, E. L. (1997) Career counseling : A process in process. *British Journal of Guidance and Counseling*, **25**(1), 81-93.

Herr, E. L., & Cramer, H. S. (1992) *Career guidance and counseling through the life span: Systematic approaches* (4th ed.) New York: Harper Collins.

Herr. E. L., & Cramer, H. S. (1996) *Career guidance and counseling through the life span: Systematic approaches* (5th ed.) New York: Harper Collins.

川崎友嗣（1994）米国におけるキャリア発達研究の動向　日本労働研究雑誌, No.40, 52-61.

金井壽宏（2001）キャリア支援の課題：学校から社会への節目に何ができるか　第1回GCDF Japanキャリアディベロップメントカンファランス報告書

スーパー, D. E.（1962）（日本職業指導協会訳編）職業的発達理論の研究　日本職業指導協会

Super, D. E. (1993) The two faces of counseling : Or is it three? *Career Development Quarterly*, **42**, 132-136.

Tyler, L. (1969) *The work of the counselor*. New York: Appleton Century.

Watts, A. G. (1998) A new concept of career for a new millenium: Implications for theory, policy and practice. A Keynote address to the National Career Developemnt Association Global Conference on "Reshaping Career Development fot the 21st Century". Chicago, July 1-3.

第2章

Heppner, P. P., Casa, J. M., Carter, J., & Stone, G. L. (Eds.) (2000) The maturation of counseling psycholgy : Multifaced perspectives, 1978-1998. In S. D. Brown, & R. W. Lent (Eds.), *Handbook of counseling psychology* (3rd ed) (pp.3-49). New York : John Wily & Sons.

Herr, E. L. (1999) Career guidance and counseling in the 21st century: Continuity and change. Paper presented at the National Consultation on Career Development, Ottawa, Canada, Jaunary 26.

Law, B. (1993) Understanding career works. *Career Development Quartaerly*, **41**(4), 297-313.

Parsons, F. (1909) *Choosing a vocation*. Boston: Houghton Mifflin.

Salamone, P. R. (1988) Career counseling : Steps and stages beyond Parsons. *Career Development Quarterly*, **36**, 218-221.

Savickas, M. L. (1995) A framework for linking career theory and practices. Paper presented at the 5th National Conference of the NCDA. San Francisco, July 6-9.

沢田慶輔（1984）カウンセリング　創価大学出版

Super, D. E. (1951) Vocational adjustment : Implimentating a self-concept. *Occupations*, **30**, 88-92

Super, D. E. (1957) *The psychology of careers*. New York : Harper & Row.

渡辺三枝子・ハー, E. L.（1998）進化の過程にあるキャリアカウンセリング　進

路指導研究, **18**(2), 26-35.

第3章

Arkowits, H. (1992) Integrative theories of therapy. In D. K. Freedheim (Ed.), *History of psychotherapy : A century of change* (pp.261-303). Washington, D. C.: American Psychological Association.

Bandura, A. (1977) Self-efficacy : Toward a unifying theory of behavioral change. *Psychological Review*, **84**, 191-215.

Cochran, L. R. (1990) Narrative as a paradigm for career research. In K. A. Young & W. E. Borgen (Eds.), *Methodological approaches to the study of career* (pp.71-86). New York: Praeger.

Crites, J. (1965) *Vocational psychology*. New York : McGraw-Hill.

Chartrand, J. M. (1991) The evolution of trait-factor career counseling : A person environment fit approach. *Journal of Counseling and Development*, **69**, 518-524.

Gelatt, H. B. (1962) Decision-making : A conceptual frame of reference for counseling. *Journal of Counseling Psychology*, **9**, 240-245.

Gelatt, H. B. (1989) Positive uncertainty : A new decision-making framework for counseling. *Journal of Counseling Psychology*, **36**(2), 252-256.

Goodman, J. (1994) Career adaptability in adults: A construct whose time has come. *The Career Development Quarterly*, **43**, 74-84.

Herr, E. L. (1995) *Counseling employment-bound youth*. Greensborogh, NC: ERIC/CAPS Publication.

Holland, J. L. (1985) *Making vocational choices : A theory of vocational personalities and work environment* (2nd ed.) Engewood Cliffs, NJ: Prentice Hall. （渡辺三枝子・松本純平・舘 暁夫訳（1990）職業選択の理論 雇用問題研究会）

Issacson, L E., & Brown, D. (1993) *Career information, career counseling, and career development* (5th ed.) Needham Heights, MA: Allen & Bacon.

Jepsen, D. A. (1996) Relationships between developmental career counseling theory and practice. In M. L. Savickas & W. B. Walsh (Eds.), *Handbook of career counseling and practice* (pp.135-154). Palo Alto, CA: Davis-Black.

Krumboltz, J. D. (1979) A social learning thoery of career decision making. In A. M. Mitchell, G. G. Jame, & J. D. Krumboltz (Eds.), *Social learning and career decision making* (pp.19-49). Cranton, RI: Carrole Press.

Krumboltz, J. D. (1994) Improving career development theory from a social learning perspective. In M. L. Savickas & R. W. Lent (Eds.), *Convergence in career developement theories : Implications for science and practice* (pp.9-31). Palo Alto, CA: CPP Books.

Lazurus, A. A. (1988) Eclecticism in behavior therapy. In P. M. G. Emmelkamp, W.

T. A. M. Everalrd, F. Kraaimaat, & J. J. M. van Son (Eds.), *Advances in theory and practice in behavior therapy*. Amsterdam : Swets & Zeitlinger.

Norcross, J. C. (1986) Eclectic psychotherapy : An introduction and overview. In J. C. Norcross (Ed.), *Handbook of eclectic psychotherapy* (pp.3-24). New York : Brunner/Mazel.

Peavy, R. V. (1994) A constructivist perspective for counselling. *Educational and Vocational Bulletin*, **55**, 31.

Pitsz, C. F., & Harren, V. A. (1980) An analysis of career decision-making from the point of view of information processing and decision theory. *Journal of Vocational Behavior*, **16**, 320-346.

Savickas, M. L. (1993) Predictive validity criteria for career development measures. *Journal of Career Assessment*, **1**(1), 93-104.

Super, D. E. (1957) *The psychology of careers*. New York: Harper& Row.

Super, D. E. (1969) Vocational development theory : Persons, positions, and processes. *The Counseling Psychologist*, **1**, 2-9

Super, D. E. (1977) Vocational maturity in mid-career. *Vocational Guidance Quarterly*, **25**(4), 294-302.

Super, D. E. (1980) A life-span, life space approach to career development. *Journal of Vocational Berhavior*, **16**(30), 282-298.

Super, D. E. (1981) Approaches to occupational choices and career development. In A. G. Watts, D. E. Super & J. M. Kitt (Eds.), *Career developement in Britain*. Cambridge, England: Hobsons Press.

Super, D. E., Thompson, A. S., & Linderman, R. H. (1988) *Adult Career Concerns Inventory: Manual for research and exploratory use in counseling*. Palo Alto, Ca: Consultant Psychologists Press.

Winter, D. A. (1996) The constructivist paradigm. In R. Woolfe & W. Dryden (Eds.), *Handbook of counselling psychology* (pp.219-239). London: Sage.

Woody, R. H., et al. (1989) Counseling psychology : Strategies and services. Pacific Grove, CA: Books/Cole.

第4章

Bovard, K. M., Heiser, L., La Salle, A., & Kragie, E. (1999) Counselor to coach: New frontier for professional career counselors. Paper presented at ACA World Conference. San Diego, CA, April 17.

Caplan, G. (1970) *The theory and practice of mental health consultation*. New York: Basic Books.

Celotta, B. (1979) The systems approach: A technique for establishing counseling and guidance programs. *Personnel and Guidance Journal*, **57**, 412-414.

藤井　博・金井壽宏・開本浩矢（1996）ミドル・マネジャーにとってのメンタリング―メンタリングが心的活力とリーダーシップ行動に及ぼす効果―　ビジネスレビュー，**42**(2)．

Kaufman, R. E. (1972) *Educational system planning*. Englewood Cliffs, NJ: Prentice-Hall.

Harris-Bowlsbey, J., Dikel, M. R., & Sampson Jr., J. P. (1998) *The internet : A toll for career planning* (1st ed.) Columbus, OH: National Career Development Association.

NCDA (1985) Consumer guidelines for selecting a career counselor. *Career Development*, **1**(2), 1-2.

二村英幸（2001）人事アセスメント入門　日経新書

渡辺直登・久村恵子（1999）メンター／メンタリング入門　日本メンター協会

第5章

Amundson, N. E., Borgen, W. A., Westwood, M. J., & Pollard, D. E. (1989) *Employment groups : The counseling connection*. Ottawa, Canada: Luguo Productions, Ltd. and Ministry of Supply and Services, Canada.

Azrin, N. H., Philip, R. A., Thines-Hontos, P., & Besalel, V. B. (1980) Comparative evaluation of the job club program with welfare recipient. *Journal of Vocational Behavior*, **16**, 133-145.

Goldman, L. (1962) Group guidance : Content and process. *Personal and Guidance Journal*, **40**.

Goldstein, A. P., Shafkin, R. P., Gershaw, N. J., & Klein, P. (1980) *Skill-streaming the adolescent : A structured learning approach to teaching prosocial skills*. Champaign, IL: Research Press.

Gysbers, N. C., Heppner, M. J., & Johnson, J. A. (1998) *Career counseling : Process, issues, and techniques*. Boston, MA: Allyen and Bacon.

Herr, E. L. (1981) Policy in guidance and counseling : The U. S. experience. *Educational and Vocational Guidance Journal*, **37**(1), 67-83.

Ivey, A., & Leppaluaoto, J. R. (1975). Changes ahead! Implications of the vail conference. *Personnel & Guidancae Journal*, **53**, 747-752.

松本浩二・渡辺三枝子（1997）求職者（職業探索）クラブ：ジョブ・ファインディングクラブ（雇用促進事業団編「カナダ及びアメリカ合衆国における引退期労働者の雇用・就業に関する意識とその対策」に関する調査研究報告書）pp.50-55．

ロジャーズ，C.（小林純一訳）（1962）人間相互関係：ガイダンスの真髄（モーシャー，R. L. 他編　現代カウンセリング論　pp.66-91）．岩崎学術出版

渡辺三枝子（1996）カウンセリング心理学　ナカニシヤ出版

渡辺三枝子編著（1997）学校に生かすカウンセリング　ナカニシヤ出版

第6章

Council for the Accreditation of Counseling and Related Educational Programs. (1994). *CACREP accreditation standards and procedures manual.* Alexandria, VA: The Author.

Hollins, J. W., & Wantz, R. A. (1977) *Counselor education directory 1977 : Personnel and programs* (39th ed.) Muncie, IN: Accelerated Development Press.

Kobularz, L. (1996) *Naional career development guidelines.* Stillwater, OK: NOICC Training Center.

終　章

Bloom, J. W. (1997) NBCC Web Counseling standards. CTOnline, Special Report.

Boer, P. M. (2001) *Career counseling over the internet.* Hillsdale, NJ: Lawrence Erlbaum Associates

中央教育審議会（1999）21世紀を展望した我が国の教育の在り方について

Evans, R. N., & Herr, E. L. (1978) *Foundations of vocational education* (2nd ed.) Columbus, OH: Charles E. Merrill.

Harris-Bowlsbey, J., Dikel, M. R., & Sampson Jr., J. P. (1998) *The internet : A toll for career planning* (1st ed.) Columbus, OH.: National Career Development Association.

Harris-Bowlsbey, J., & Sampson Jr., J. P. (2001) Computer-based career planning systems : Dreams and realities. *The Career Development Quarterly,* **49,** 250-260.

Hoyt, K. B. (1974) An introduction to career education. U. S. Office of Education Policy Paper. Washington, D. C.: U. S. Office of Education.

Hoyt, K. B. (1975) *Career education : Contributions to an evolving concept.* Salt Lake City, UT: Olympus.

Hoyt, K. B., & Wickwire, (2001) Knowledge-information-service era changes in work and education and the changing role of the school counselor in career education. *The Career Development Ouarterly,* **49**(3), 238-249.

Myers, R. (1970) Computer-aided counseling : Some issues of adoption and use. In D. E. Super (Ed.), *Computer-assisted counseling* (pp.109-117). New York: Teachers College Press.

仙崎　武（2000）キャリア教育の系譜と展開　仙崎　武編　キャリア教育読本　教育開発研究所

Sampson Jr., J. P. (1999) Integrating internet-based distance guidance with services provided in career centers. *The Career Development Quarterly,* **47,** 243-257.

Sampson Jr., J. P. (2001) Career counseling on the Web. 第1回 GCDF Japan キャリ

アディベロップメントカンファランス基調講演，2月26日東京．
Super, D. E. (Ed.) (1970) *Computer-assisted counseling*. New York: Teachers College Press.
職業教育・進路指導研究会（代表 仙崎 武）(1998) 職業教育及び進路指導に関する基礎的研究（最終報告）平成8-9年度文部省委託調査研究
渡辺三枝子 (1998) 進路指導構造化のモデルと展開：構造化のための概念モデル 職業教育・進路指導研究会（代表 仙崎 武）職業教育及び進路指導に関する基礎的研究（最終報告），88-98.

索　引

人名索引

ア行
アーノルド（Arnold, J.）　32
アイヴィ（Ivey, A.）　129
アイザクソン（Isaacson, L. E.）　85
アズリン（Azrin, N. H.）　131
ウォンツ（Wantz, R. A.）　156

カ行
ガイスバーズ（Gysberz, N. C.）　114, 115
カッツ（Katz, M. R.）　179
金井壽宏　iv, 29, 107
カプラン（Caplan, G.）　99
川崎友嗣　27
ギンズバーグ（Ginzberg, E.）　81
クライツ（Crites, J. O.）　18, 64
クルンボルツ（Krumboltz, J. D.）　73-74
コーフマン（Kaufman, R. E）　103
ゴールドシュタイン（Goldstein, A. P.）　129
ゴールドマン（Goldman, L.）　127
コクラン（Cochran, L. R.）　91

サ行
サビカス（Savickas, M. L.）　iii, 91
サラモン（Salamone, P. R.）　47
沢田慶輔　53
ジェプセン（Jepsen, D. A.）　91
サンプソン（Sampson jr., J. P.）　111, 178, 181
ジェラット（Gelatt, H. B.）　72

ジャクソン（Jackson, C.）　32
スーパー（Super, D. E.）　36, 49-50, 80-84, 180
鈴木久蔵　53
仙崎武　172

タ行
タイラー（Tyler, L.）　35
チャートランド（Chartrand, J. M.）　69
トフラー（Toffler, A.）　45

ハ行
ハー（Herr, E. L.）　i, 21, 35, 141
パーソンズ（Parsons, F.）　46
ハビガースト（Havighurst, R. J.）　81
ピービィ（Peavy, R. V.）　91
ビューラー（Bühler, C.）　81
ブラウン（Brown, D.）　18
ブルーム（Bloom, J. W.）　178
ブルックス（Brooks, L.）　18
ホイト（Hoyt, K. B）　168, 171
ボーディン（Bordin, E. S.）　78
ホール（Hall, D. T.）　33
ホランド（Holland, J. L.）　78
ホリンズ（Hollins, J. W.）　156

マ行
マーランド（Marland, S.）　163, 171
マズロー（Maslow, A. H.）　78
マホーン（Mahone, C. H.）　78

ラ・ワ行

レパリュオト（Leppaluaoto, J. R.）　129
ロー（Roe, A.）　78
ロー（Law, W.）　43

ロジャーズ（Rogers, C. R.）　22, 116
渡辺直登　133
ワッツ（Watts, A. G.）　31

事項索引

あ行

アーチ型モデル［カウンセリング理論］　86
IT化　26
アイデンティティ　33
アウトプレースメント　3
アカウンタビリティ　105, 166
アサーティブネス　36, 121, 131
アダプタビリティ　85
アメリカカウンセリング学会　106
アメリカ心理学会　141
EAP (Employee A Program: 雇用者援助プログラム)　7, 101, 131
生きる力　172
移行期　32, 80
意思決定　43
意思決定過程　70
意思決定能力　175
意思決定論的アプローチ［キャリア行動の理論］　70, 79
インターンシップ　97, 133, 146
インターネット　178
インターネットによるキャリアサービス　111
ウェブカウンセリング　159
エンプロイアビリティ（雇用可能性）　9

か行

ガイダンス（教育的指導）　11
ガイダンス・カウンセラー　171
ガイダンス部会（カウンセリングと）　48
カウンセラー　34
──教育　40
──教育者　137
──のコンピテンシィ　112
──の果たす多様な機能　13
カウンセリング
──および関連する教育プログラム認定評議会　141
──心理学　17, 23, 48, 63
──とガイダンス部会　48
──の概念　7
カウンセリング理論　87
　アーチ型モデル　86
　行動的アプローチ　89
　サイコダイナミック・アプローチ　88
　システマティックなアプローチ　94, 102
　認知行動的アプローチ　90
家族カウンセリング　36, 48
学校＝職業移行機会法　161, 167-168
観察学習　156
キャリア　8, 17, 32
──の概念　19, 23, 29, 31, 65
キャリアアダプタビリティ　85
キャリアアセスメント　9
キャリアアップ　31
キャリアガイダンス　6, 23, 172
キャリアカウンセラー　1, 96, 171
　教育（養成）　136-138
キャリアカウンセリング　1, 15, 23
──サービス　23, 44
──の核　57-60
──の定義　16, 21
──の特徴　14
──の人間観　59
──の理念　14

――ブーム　42
――プロセス　60, 113-115
――プロセスの構成　115
キャリア学習　24
キャリア教育　22, 130, 159
　――運動　168
　――奨励法　167
　――プログラム　169
キャリア形成　8
キャリア行動　66
キャリア行動の心理学　63
キャリア行動の理論　66
　意思決定論的　70
　状況・社会学的　75
　特性因子論的　67
　パーソナリティ　77
　発達論的　79
キャリアコーチ　106
キャリアコンサルティング　99
キャリアサービス　23
キャリア情報検索活用能力　175
キャリア人生ゲーム　121
キャリア心理学　50, 64
キャリア-パーソナルカウンセリングの融合　36
キャリア成熟　85
キャリア設計セミナー　101
キャリア設計能力　175
キャリアチェンジ　20
キャリアデベロップメント・プログラム（CDP：キャリア開発）　40, 149
キャリアパス　51
キャリアパターン　32
キャリアパターン研究　81
キャリア発達　18, 80-84, 147
キャリア発達支援者（CDF）　140
キャリア発達段階説　81
キャリア発達の命題　82

キャリア発達理論　22, 147
キャリアマネージメント　23
キャリアメンター　106
キャリア・ライブラリアン　139
キャリア・レインボー・モデル　82-83
教育改革　172
クライエント・センタード・カウンセリング　22, 88
グループガイダンス　127-128
グループカウンセリング　61, 123, 128, 148
グループセラピィ　127
グループダイナミックス　143
グループの指導　127
グループワーク　123, 126-129
訓練の応用　130
系統的脱感作　122
結婚カウンセリング　48
健康カウンセリング　48
構成主義　90-91
行動的アプローチ［カウンセリング理論］　89
コーチング　14, 40, 43, 106-109
コーディネーター　104
心のケア　52
個別カウンセリング　61, 98, 114, 148
コミュニケーションスキル　36
雇用者支援プログラム（EAP）　6-7, 101, 133
コ・ワーカー体験　157
コンサルタント　8, 100-101, 104-105
コンサルテーション　8, 99, 145, 150
コンピテンシィ　33
コンピュータ支援システム　74, 121, 179, 183

さ行
災害カウンセリング　14

サイコエデュケーショナル・グループワーク　129
サイコエデュケーション　129
サイコセラピスト　49
サイコダイナミック・アプローチ［カウンセリング理論］　88
差異心理学　66
サイバーカウンセリング　178, 181
産業カウンセラー　105
産業革命　44
三者面談［学校の］　122
自我同一性　36
自己効力感　71
自己評価　24
CDF　140
SIGI　179
システマティック・エクレクティク（折衷的）アプローチ　93
システマティックなアプローチ［カウンセリング理論］　94, 102
システムズアプローチ　102-103
実験室実践　156
指導者体験　156
市民権運動　54
社会改革運動　48
社会的学習理論　73
社会的障壁［法律などの未整備］　26
就業体験　24
就業体験学習　102
準専門家（パラプロフェッショナル）　139, 150
生涯キャリア発達　85
状況・社会学的アプローチ［キャリア行動の理論］　75
情報技術（IT）革命　54
職業　27
職業安定行政　53
職業カウンセリング　10

職業構造　45
職業紹介　6, 42
　──モデル　22
職業情報システム　97
職業心理学　17, 63
職業ストレス　20
職業相談　6
　──モデル　22
職業探索プログラム　131
職業的同一性　42
『職業の選択』　46
職業分類辞典　79
ジョブクラブ　102, 131
真の推論　45-47
心理的カウンセリング　20
心理療法　7
進路指導　4
進路相談　4
スーパービジョン　151
スキル訓練　131
スクールカウンセラー　22
ストレス　36
ストレス対処法　121
ストレスマネージメント　36, 130
成果主義［人事制度］　2
生活役割　82
積極的不確実性　72
折衷主義　93
「選択と適応」の連鎖　80
全米職業指導協会（全米キャリア発達協会）　97, 146-147
総合ガイダンスプログラム　133, 160

た行
退職準備教育　40
中央教育審議会　160, 161
定期面談　122
適応力　85

適性　46
適性テスト　47
読書療法　121
特性因子アプローチ［カウンセリング理論］　88
特性因子論的アプローチ［キャリア行動の理論］　47, 67, 79

な行
ナラティヴ　121
日本産業カウンセラー協会　152
人間関係能力　175
認知行動的アプローチ［カウンセリング理論］　90
認知的学習　156
ネットワーキング　43
NOICC　140

は行
パーソナリティ・アプローチ［キャリア行動の理論］　77, 79
パーソナルカウンセリング　34-36, 95
発達的モデル　51
発達論的アプローチ［キャリア行動の理論］　79
パフォーマンス・フィードバック　130
非合理的なビリーフ　36, 121
PTSD (Posttraumatic Stress Disorder 外傷性ストレス障害)　14
ファンタジィ　121
VPI職業興味検査　79
不完全雇用状態　26
不決断　36
フラット型組織　2
フリーター志向　161
プログラム開発・運営　101

プロジェクト型業務　2
プロモーショナビリティ　168
ヘルピングスキル　154
変幻自在のキャリア　33
ホーム・ワーク　121

ま行
マッチングモデル　51
マルティプルカウンセリング　123
未決定　36
メンター　9
メンター機能　2
メンターリング　14, 40, 106-110
メンタルヘルス　2
目標設定技法　121
モデリング　130
問題解決技法　36

や・ら行
役割葛藤　20
役割モデル　25
ライフ・キャリア・レインボー　83
リサーチ　152
リスク・テーキング　72
リストラクチャーリング（リストラ）　42, 55
臨床心理学者　49
臨床心理士　13
倫理　152
倫理綱領　100
ロールプレーイング　121, 130

わ行
ワークス研究所　2
ワーク・パーソナリティ　36, 67
ワン-ストップ・キャリアセンター　140

執筆者紹介

第一著者　渡辺三枝子
最終学歴：米国ペンシルバニア州立大学大学院博士課程
　　　　　カウンセリング心理学・カウンセラー教育専攻
　　　　　哲学博士号（Ph.D.）取得
現　　職：筑波大学心理学系教授
最近の主な著書：カウンセリング心理学（ナカニシヤ出版）
　　　　　　　　最新カウンセリング入門（共編　ナカニシヤ出版）
　　　　　　　　学校に生かすカウンセリング　第2版（編著　ナカニシヤ出版）
　　　　　　　　コミュニケーション読本（共著　雇用問題研究会）その他

第二著者　エドウィン L. ハー（Edwin L. Herr）
最終学歴：米国コロンビア大学ティーチャーズカレッジ博士課程
　　　　　Counseling & Student Personnel Administration 専攻
　　　　　教育学博士号（Ed.D.）取得
現　　職：米国ペンシルバニア州立大学大学院教授，大学院教育・研究・FD部長
最近の主な著書：*Career guidance and counseling through the lifespan*（5th ed.）
　　　　　　　　（共著　Harper Collins）
　　　　　　　　The handbook of counseling.（編著　Sage）
　　　　　　　　Counseling in a dynamic society.（American Counseling Association）
　　　　　　　　Vocational guidance and human development.
　　　　　　　　（編著　Houghton Mifflin）その他

キャリアカウンセリング入門
人と仕事の橋渡し

| 2001年9月10日 | 初版第1刷発行 | 定価はカヴァーに表示してあります |
| 2005年2月20日 | 初版第6刷発行 | |

著　者　渡辺三枝子
　　　　E.L. Herr
出版者　中西　健夫
出版社　株式会社ナカニシヤ出版
京都市左京区一乗寺木ノ本町15番地（〒606-8161）
Telephone　075-723-0111
Facsimile　075-723-0095
URL　http://www.nakanishiya.co.jp/
Email　iihon-ippai@nakanishiya.co.jp

印刷・吉川印刷工業所／製本・藤沢製本／装丁・花井貴久子

ISBN4-88848-586-0 C3011

Printed in Japan

Introduction to Career Counseling : Bridging Person and Work.

Copyright © 2001 by Mieko Watanabe and Edwin L. Herr